AF300354

ÉMILE DE GIRARDIN

UNITÉ DE COLLÉGE

ABOLITION DES ZONES ELECTORALES

BULLETIN UNINOMINAL

PARIS

MICHEL LEVY FRÈRES, EDITEURS

RUE AUBER, 3, PLACE DE L'OPÉRA

LIBRAIRIE NOUVELLE

Boulevard des Italiens, 15, au coin de la rue de Grammont

1874

UNITÉ DE COLLÉGE

ABOLITION DES ZONES ÉLECTORALES

BULLETIN UNINOMINAL

PARIS. — IMP. A. WITTERSHEIM ET Cⁱᵉ QUAI VOLTAIRE, 31

ÉMILE DE GIRARDIN

UNITÉ DE COLLÉGE

ABOLITION DES ZONES ÉLECTORALES

BULLETIN UNINOMINAL

> « La volonté du souverain est le souverain lui-même. Les lois qui établissent le droit de suffrage sont donc fondamentales. »
>
> MONTESQUIEU.

> « Une loi électorale est une Constitution. Selon que cette loi est bonne ou mauvaise, les gouvernements, dont elle est le ressort principal, sont forts ou faibles. »
>
> ROYER-COLLARD.

> « La multitude qui ne se réduit pas à l'unité est confusion : l'unité qui ne dépend pas de la multitude est tyrannie. »
>
> PASCAL.

> « Si nous connaissions les meilleurs d'entre nous l'ère des révolutions serait à jamais fermée ; malheureusement nous n'avons aucune méthode pour les découvrir. »
>
> THOMAS CARLYLE.

PARIS

MICHEL LÉVY FRÈRES, ÉDITEURS
RUE AUBER, 3, PLACE DE L'OPÉRA

LIBRAIRIE NOUVELLE
Boulevard des Italiens, 15, au coin de la rue de Grammont.

1874

*A M. Balbie, député, président de la Commission des
Trente, rapporteur du projet de loi électorale.*

Paris, 29 mars 1874.

Monsieur et honorable ancien collègue,

Au commencement de l'an de désastres 1870, vous et
moi nous faisions partie de la Commission instituée à
l'effet de rechercher, d'accord avec le ministre de l'intérieur qui la présidait, le meilleur mode constitutif de la
représentation municipale de la Ville de Paris.

Les deux systèmes diamétralement opposés étaient celui
de la représentation par quartiers que vous souteniez,
en compagnie de MM. Cochin, de Madre, Léon Say, et
celui de l'Unité de collége, qu'adversaire persistant du
morcellement électoral, je proposais d'appliquer non-
seulement à la France tout entière, mais aussi à l'élection du conseil municipal de la capitale, dont l'administration venait de passer des mains de M. Haussmann dans
celles de M. Henri Chevreau, acte odieux d'ingratitude
qui n'a pas porté bonheur au ministère du 2 janvier 1870.

Vous insistiez pour que chacun des 80 quartiers de
Paris nommât son représentant au Conseil municipal;
j'insistais, moi, pour que tout électeur pût donner sa

1

voix au mandataire qu'il lui plairait de choisir, sans démarcation de quartier, et que les 80 éligibles qui au dépouillement des votes auraient obtenu le plus grand nombre de suffrages, fussent proclamés conseillers municipaux.

L'expérience faite, a attesté ce que valait, appliqué à la représentation municipale de Paris, le morcellement électoral, dont le moindre défaut est de priver l'électeur de la liberté de son choix puisqu'il la limite étroitement et que souvent, le plus souvent, sous peine de perdre son suffrage ou de s'abstenir de voter, il le condamne au supplice d'opter entre deux candidats qui, l'un et l'autre, ne représentent ni ses opinions, ni ses idées, ni ses vœux, ni ses sympathies, ni ses intérêts.

Le morcellement électoral par quartiers a laissé à l'écart MM. Denière, Dewinck, Dumas, Haussmann ; l'unité municipale de collége, ne fût-ce que par reconnaissance, les eût certainement élus en leur donnant des voix dans toutes les sections de vote.

L'expérience qui a mis à nu l'imperfection et les vices du système dont vous étiez et dont vous n'avez cessé d'être l'un des appuis, n'a pas encore prononcé sur celui à l'adoption duquel je n'ai pas eu le talent de vous rallier.

L'ayant exposé devant la Commission de 1870, aux travaux de laquelle vous et moi nous concourions assidûment, permettez-moi de m'étonner qu'il n'ait pas obtenu de vous l'honneur de la plus courte mention, même critique, dans votre résumé prononcé devant la Commission des Trente. Cependant ce résumé, qui a été imprimé, distribué, ne se borne pas à analyser les divers modes d'élection en vigueur dans les Deux-Mondes et ceux dont la France a fait successivement l'essai ; il cite plusieurs systèmes proposés qui ne sont pas pratiqués. Cette omission m'a surpris, et j'ajouterai qu'elle m'a blessé, car bien qu'elle n'ait pas encore été sanctionnée par l'expérience, l'unité de collége se recommande par une rectitude et une simplicité pareilles à celles qui ont fait l'immense succès notamment de l'unité de taxe postale, et de l'emprunt direct dont l'initiative m'appartient. Ce succès est une caution qui atteste que si l'on peut reprocher à mes conceptions un excès de précocité, on ne saurait les accuser d'un manque de justesse.

Pour remédier aux imperfections, selon moi, aux défauts, aux vices, aux dangers, selon vous, du suffrage universel tel qu'il a été proclamé en mars 1848, restreint en mai 1850, rétabli en décembre 1852, et tel qu'il s'agit, en 1874, de le restreindre de nouveau sous prétexte d'épuration, avez-vous donc enfanté ou adopté une idée qui soit plus juste et plus simple que celle de l'unité de collége et du bulletin uninominal, laquelle possède cet exceptionnel avantage de ne porter aucune atteinte, absolument aucune, à aucun des droits acquis ?

Que proposez-vous? Que propose la Commission des Trente, dont vous êtes le président et le rapporteur?

Le morcellement électoral est le mal dont souffre la France : vous proposez non de l'extirper, mais de l'aggraver.

L'élection des députés avait lieu par départements; vous proposez qu'elle ait lieu par arrondissements sous-préfectoraux, comme au temps du cens électoral.

Il suffisait d'avoir atteint l'âge de vingt et un ans pour être électeur; faisant du mandant le vassal et du mandataire le suzerain, vous proposez de priver de leurs droits électoraux tous les Français qui ont plus de vingt et un ans mais qui ont moins de vingt-cinq ans.

Il suffisait pour être admis à voter dans sa mairie, de justifier de six mois de résidence; vous proposez d'imposer à l'avenir trois années de résidence à tous ceux des Français âgés de vingt-cinq ans, jouissant de leurs droits civils, qui ne seront pas nés dans la commune où ils seront domiciliés.

La formation et la révision des listes électorales étaient hérissées de formalités sans nombre, dont l'accomplissement et la vérification exigeaient, de la part du citoyen laborieux et paisible, une grande dépense de temps et de zèle; au lieu de diminuer et de simplifier ces formalités vous proposez de les rendre encore plus nombreuses et plus compliquées.

Votre œuvre, monsieur, celle de la Commission des Trente, ne s'arrête pas là.

Si votre projet était voté par l'Assemblée issue du suffrage universel tel qu'il fut décrété le 5 mars 1848, et réglementé par la loi organique du 15 mars 1849, désormais l'électeur ne serait plus éligible qu'à l'âge de trente ans accomplis et que dans la limite de circonscriptions très-étroitement déterminées. L'élu serait le député d'une circonscription; moins que jamais il serait le député de la France.

Une loi électorale doit être l'expression d'un principe; de quel principe votre projet de loi est-il l'expression?

S'il est l'expression du droit de tous, pourquoi des exceptions que rien ne justifie?

S'il est l'expression de la capacité nécessaire à l'exercice d'une fonction, comment expliquez-vous que cette capacité dépende d'un changement de demeure?

Ainsi au lieu de grandir, d'élever, de simplifier le droit électoral, d'en rendre l'exercice plus accessible et plus facile à la masse des électeurs que le travail enchaîne et que l'instruction n'a pas encore visités, vous le rapetissez, vous l'abaissez, vous le compliquez, vous le rendez encore moins facile et moins accessible à cette immense couche électorale que laisse froide l'ardeur des partis politiques.

C'est là, monsieur, permettez-moi de vous le dire, une faute, une très-grande faute, qui n'a de comparable que celle commise par l'enfant effaré qui, pour échapper à la piqûre d'une guêpe, tomberait dans un gouffre où il se briserait les membres.

En tous pays d'élections, dans les pays de suffrage universel, comme les États-Unis et la Suisse, et dans les pays de cens électoral, comme l'Angleterre et la Belgique, le vote ne manque jamais, après avoir été de droite à gauche, de revenir de gauche à droite. Lorsque l'on connaît cette loi du pendule politique, la frayeur ne tarde pas à faire place à la patience.

Donc il eût été sage de ne porter au suffrage universel aucune atteinte, car c'est lui qui donne le droit de dire aux populations taxées de démagogie :

« Désormais, lorsqu'à tort ou à raison vous serez
« mécontentes de votre gouvernement, vous ne vous
« insurgerez plus, vous n'ourdirez plus de conspiration,
« vous ne tramerez plus d'attentats, vous ne ferez plus
« de révolutions, vous attendrez que des élections gé-

« nérales ou partielles aient lieu, et alors vous irez pai-
« siblement et librement déposer votre bulletin de vote
« dans la boîte du scrutin; vous ne le renverserez pas,
« vous l'avertirez. »

En matière de représentation et de gouvernement d'un pays par lui-même, *self government*, deux écoles sont en présence :

L'école monarchique parlementaire, qui nie que le vote électoral soit un droit et soutient qu'il est une fonction dont, à ce titre, l'exercice peut et doit être soumis à des garanties préalables de cens et de capacité;

L'école républicaine démocratique, qui nie que le vote électoral soit une fonction et soutient qu'il est un droit.

Le projet si laborieusement élaboré par la Commission des Trente, ce projet, au rapport duquel votre nom demeurera attaché dans les annales parlementaires, ne donne satisfaction ni à l'une ni à l'autre des deux Ecoles rivales. Il restreint le suffrage universel et ne rétablit pas le cens électoral. Il n'ose faire de l'électorat ni une fonction ni un droit. Il n'est ni monarchique ni républicain. Il n'est d'aucun sexe; il est neutre. Aussi ne satisfait-il aucun des partis qui se disputent présomptueusement le Gouvernement de la France.

Voilà ce qu'on gagne aux demi-mesures ! On y gagne d'être justement en butte aux accusations opposées ! On y gagne de voir les concessions qu'on a faites en vue du succès, se retourner implacablement contre soi comme autant d'inconséquences accablantes. Et, quoiqu'il en soit presque toujours ainsi de toutes les demi-mesures, cela n'en guérit cependant nulle part les faux hommes d'Etat! Partout ils déclament contre l'agitation, et partout ce sont eux qui la perpétuent par l'aversion que leur inspirent toutes les solutions! Les demi-mesures, c'est ce qu'il y a de plus funeste! C'est assez pour agiter, ce n'est pas assez pour apaiser; c'est assez pour mécontenter ceux qui y perdent, ce n'est pas assez pour contenter ceux qui y gagnent; c'est assez pour ameuter les défiances, ce n'est pas assez pour dissiper les exigences; c'est assez pour mettre contre soi l'abus menacé, ce n'est pas assez pour mettre avec soi le droit reconnu. Ne payer ses dettes qu'à demi, c'est l'insolvabilité; ne proposer que des demi-mesures, c'est l'impuissance. Ou l'on ne doit rien ou l'on doit tout.

Dans le débat ardent auquel donnera certainement lieu à la tribune de l'Assemblée de Versailles votre projet de loi, pis encore qu'entaché de réaction, entaché de rétroactivité, vous n'aurez pour vous soutenir ni les ennemis du suffrage universel, qui l'accusent d'être la déchéance de la liberté, le règne de la tyrannie, le triomphe brutal de ce qu'ils appellent avec effroi et dédain : *le nombre* sur ce qu'ils nomment avec confiance et orgueil : *la capacité*; ni les adversaires du cens électoral, qui continueront de prétendre, l'histoire de nos révolutions à la main, que le cens est une illusion et n'est pas une garantie; que la capacité électorale érigée en principe politique est, en fait et en droit, une doctrine fausse qui ne résiste pas plus solidement à la discussion qu'à la révolution.

L'année 1848 a vu se produire ce double fait :

Elle a vu la prétendue capacité politique, dogmatiquement érigée et invinciblement maintenue, pendant trente-trois années, en principe naturel du droit électoral, trahir l'espoir qu'avaient mis en elle la royauté constitutionnelle et la majorité parlementaire.

Elle a vu le suffrage universel traité avec dédain, envisagé avec effroi, ne se venger de la crainte dont il avait été l'objet qu'en rétablissant l'ordre que, disait-on, il devait détruire.

Si ce double et incontestable fait, sur lequel je suis d'accord avec un publiciste non suspect, M. Frédéric Béchard, vous est objecté à la tribune quand vous y monterez pour défendre votre œuvre, quelle sera votre réponse ?

Les faits sont les faits.

C'est un fait que « le mal que nous a causé le suffrage universel se borne jusqu'ici au mal de la peur. » C'est un fait que « le suffrage universel n'a donné à la France, de 1817 à 1848, que des résultats révolutionnaires. » C'est un fait que « de 1848 à aujourd'hui le suffrage universel ne lui a donné que des Assemblées profondément conservatrices » (1).

On reconnait qu'un principe est vrai quand l'application en est simple dans les détails et féconde dans les conséquences. On reconnaît qu'il est faux quand le contraire a lieu, c'est-à-dire quand il est stérile dans ses conséquences et compliqué dans ses détails.

Quel projet de loi plus compliqué dans ses détails que celui que vos mains ont greffé sur la tige plantée le 5 mars 1848 par les mains de M. Ledru-Rollin ?

Tout ce qui est souverainement juste est souveraine-

______

(1) *La loi électorale*, par M. Frédéric Béchard, p. 10.

ment simple. Quoi de plus juste que l'universalité de vote ? Quoi de plus simple que l'unité de collége ?

Sans l'unité de collége, comment connaître la volonté du pays ?

Les lecteurs studieux qui suivent avec intérêt la question du suffrage universel, de son maintien scrupuleux ou de sa mutilation renouvelée de la loi du 31 mai 1850, ont lu votre résumé de la discussion électorale à laquelle s'est livrée la Commission des Trente, le projet de loi qui est son œuvre et enfin votre rapport qui vient d'être distribué ; je m'empresse, afin qu'ils les comparent, de placer sous leurs yeux le résumé de mon système avec mes réponses à toutes les objections qu'il a fait naître.

La souveraineté électorale morcelée, c'est-à-dire divisée en 87 départements, à plus forte raison en 362 arrondissements, ne constitue pas plus une entité que le corps d'un homme coupé soit en 87, soit en 362 tronçons, ne constituerait un être vivant.

Le morcellement électoral n'est pas l'application du suffrage universel; il en est la mutilation.

Donc un *seul* collége pour toute la France,

Où chaque électeur dépose un *seul* bulletin,

Où chaque bulletin porte un *seul* nom.

L'unité de collége ne tarderait pas à mener à l'unité de question posée à la souveraineté électorale; (1) l'unité de question ne tarderait pas à mener à la solution suc-

_____

(1) Aux Etats-Unis, en Angleterre, les élections se font presque toujours sur un *Cry* UNIQUE. On ne traite, on ne discute, on n'admet que la question posée, qui se trouve virtuellement décidée par le résultat du vote. Pour les autres questions, on s'en occupera plus tard... Parmi nous, au contraire, si l'on soulève une question on les soulève toutes.

                    Duc d'AYEN. *De la représentation des minorités.*

cessive de toutes les questions par le chemin le plus droit et le plus court.

Le suffrage universel s'exerçant dans l'immense cercle de l'unité de collége mettrait fin au débat entre la souveraineté du nombre et la souveraineté de la raison, car il n'est ni la souveraineté de la raison ni la souveraineté du nombre; il est la souveraineté de la nation; il est le droit de tous et de chacun à être bien représenté et bien gouverné, droit qui est le même pour le riche et pour le pauvre, pour l'homme éclairé et pour l'homme ignorant, leur intérêt étant égal.

Voilà ce que je crie vainement depuis vingt-quatre ans dans cet immense désert, où abondent les mirages, qui se nomme le Journalisme!

Qu'entre votre œuvre et la mienne, nos lecteurs jugent et prononcent!

Recevez, monsieur et honorable ancien collègue, l'assurance des sentiments distingués avec lesquels j'ai l'honneur d'être

Votre très-humble et très-obéissant serviteur,

ÉMILE DE GIRARDIN.

UNITÉ DE COLLÉGE

I

L'unité de collége, dont j'ai exposé le mécanisme en 1850, implique l'abolition des zones électorales, comme l'unité de taxe, dont j'ai émis l'idée en 1832, impliquait l'abolition des zones postales.

Filles du même père, les deux idées sont sœurs.

Le succès universel qui a sanctionné la justesse de l'une attend l'autre et ne lui fera pas défaut ; la conviction profonde que j'en ai, me rend la patience facile.

L'unité de collége se définit ainsi :

CHAQUE ÉLECTEUR INSCRIVANT UN SEUL NOM SUR SON BULLETIN ET VOTANT, AU MOYEN DE L'INSCRIPTION DE VIE (1), OU IL EST ET POUR QUI IL LUI PLAÎT DE CHOISIR DANS LE PAYS TOUT ENTIER.

L'unité de collége, sans complication qui la fausse, se réduit donc à cette opération, la plus simple : l'électeur inscrit sur son bulletin un seul nom, le nom qui lui convient, et va déposer son bulletin dans l'urne de la mairie ou de la section de mairie de l'endroit où il se trouve au jour de l'élection.

L'unité de collége est l'arbre qui a pour fruit une Assemblée législative composée de tous les éligibles qui, jusqu'à concurrence du nombre de députés fixé par la loi, ont obtenu dans le dépouillement général des votes exprimés dans toutes les communes et sections de communes de France le plus grand nombre de voix.

L'unité de collége et le bulletin uninominal, succédant au morcellement électoral et au bulletin plurinominal, constituent un appareil tout nouveau, qui a contre lui le

---

(1) Jusqu'à ce que la transformation de l'impôt en prime d'assurance soit passée à l'état de fait accompli et que l'*Inscription de vie* servant à la fois de Police d'assurance, d'extrait d'Acte de naissance, de Passe-port et de Carte électorale, ait été adoptée, la loi transitoire suivante pourrait être votée :

A partir du 1er janvier 1875, la contribution personnelle sera séparée et distincte de la contribution mobilière.

Le taux de la contribution personnelle est fixé à 3 fr. 65 c. par an, payable par 12es.

Le payement de cette taxe donnera lieu à la délivrance d'un *Extrait de rôle* conforme au modèle ci-annexé.

Cet extrait de rôle, délivré par le percepteur de la commune lieu de la naissance et visé pour élection, tiendra lieu de carte électorale à tout Français justifiant de 21 ans accomplis et n'ayant encouru aucune condamnation qui l'ait privé de l'exercice de ses droits de citoyen.

dédain de la routine, mais qui a pour lui l'imperfection démontrée de tous les appareils existants.

L'unité de collége fait de l'universalité de vote une mesure toute nouvelle et sans analogue.

L'unité de collége enlève à l'universalité de vote les inconvénients, les abus qu'on lui reproche, et lui laisse les avantages qui la recommandent.

Par l'unité de collége combinée avec l'universalité de vote, je vais préciser et répéter ce que j'entends.

J'entends que tout Français ayant l'âge de majorité fixé par la loi et jouissant de ses droits civils et politiques soit libre de donner sa voix à celui de ses concitoyens qui lui paraît le plus capable ou le plus digne, en qualité de représentant soit de ses opinions, soit de ses intérêts, de siéger sur les bancs de l'Assemblée législative; j'entends que tout électeur soit éligible; j'entends l'abolition de toutes les zones électorales; j'entends le vote à la section multipliée presque à l'infini; j'entends le scrutin fermé le soir même du jour où il a été ouvert, afin d'éviter tout abus et toute défiance; j'entends la continuation du mode qui consiste à voter en se servant d'un bulletin déposé dans une boîte fermée à clef, non comme le moyen le plus facile de se cacher, mais comme le moyen le plus sûr de se compter; j'entends le recensement au siége de l'Assemblée nationale, soit à Paris, soit à Versailles, soit ailleurs, COLLÉGE UNIQUE, des votes déposés et dépouillés dans toutes les sections de toutes les communes de France; j'entends, enfin, que l'Assemblée représentative soit à la nation représentée ce qu'une carte géographique est au pays qu'elle retrace fidèlement, quoique sur une échelle réduite.

Pour rendre ma proposition non-seulement plus facile à comprendre, mais encore plus facile à critiquer, je vais la présenter sous la forme d'un texte de loi :

Art. 1er. Sont électeurs et éligibles dans toute l'étendue de la France et de l'Algérie tous les Français ayant atteint, le 1er janvier de chaque année, l'âge de majorité fixé par la loi et jouissant de leurs droits civils et politiques.

L'électeur peut voter partout où il est ; mais nul n'est admis à voter à la section où il se présente que sur la présentation de l'Extrait de rôle qui (à défaut de l'Inscription de vie) lui est délivré, conformément à l'instruction réglant tout ce qui est relatif à la tenue des sections électorales et à leurs opérations. L'électeur dépose dans la boîte fermée un bulletin plié. Ce bulletin de papier blanc ne doit porter qu'un nom écrit ou imprimé. Dans le cas où un bulletin porterait plusieurs noms, le premier nom inscrit serait seul lu par le président de la section et compté par les scrutateurs.

Le vote a lieu à la section. Le scrutin est ouvert un seul jour, de cinq heures du matin à quatre heures du soir. Il est dépouillé le soir même, et le bureau ne se sépare qu'après que le résultat a été proclamé.

Dans les villes où la population est considérable, il est formé autant de sections que l'exige l'accomplissement de la prescription qui précède.

Le tableau de dépouillement des votes de chaque section, devant servir à l'opération du recensement successif et général, est transmis le lendemain à la questure de l'Assemblée législative.

Art. 2. Sont proclamés membres de l'Assemblée législative les 600 éligibles (si ce nombre est celui adopté) qui, dans l'ordre du recensement des votes, ont réuni le plus grand nombre de voix.

Art. 3. En cas de non admission, de mort ou de démission, les non admis, les décédés et les démissionnaires sont remplacés de droit par les éligibles qui avaient obtenu le plus grand nombre de voix après les 600 élus.

Qu'y aurait-il de plus simple et de plus fécond que le mode d'élection que l'on vient de lire et que j'ai converti en texte de loi pour appeler contre lui toutes les objections ?

Des électeurs pensent que le Gouvernement ne saurait être appuyé par une majorité élective trop considérable : ils votent pour les hommes qu'ils savent avoir donné au Gouvernement le plus de gages de dévouement.

Des électeurs pensent que le Gouvernement a plus besoin d'être contenu que soutenu : ils votent pour les hommes dont le passé ou le caractère leur inspirent le plus de confiance.

Des électeurs sont d'avis qu'avant tout, ce qu'il faut à l'Assemblée législative, ce sont des orateurs : ils votent pour les hommes qui se recommandent au choix par un talent de parole éprouvé soit dans les anciennes Assemblées, soit au barreau, soit dans le professorat, soit ailleurs ; ils votent enfin pour « les Notables de la parole. »

Des électeurs fervents croient que la foi, qui ne change pas, doit passer avant l'opinion, qui change souvent : ils votent selon leur croyance, ceux-ci pour un catholique, ceux-là pour un protestant, d'autres pour un israélite.

Des électeurs considéreraient comme un progrès la

séparation de l'Etat et de l'Eglise : ils votent pour le candidat qui a donné les meilleures raisons en faveur de cette séparation.

Des électeurs inclinent à la décentralisation administrative : ils votent pour le candidat qui en a fait l'objet d'études approfondies et de travaux remarqués.

Des électeurs sont de l'opinion opposée : ils votent pour le candidat qui s'est prononcé avec le plus d'éclat et d'autorité en faveur de l'omnipotence de l'Etat et de sa tutelle indéfiniment prolongée.

Des cultivateurs jugent qu'il est utile que l'agriculture soit représentée à l'Assemblée législative : ils votent pour l'agronome le plus renommé.

Des intéressés dans une industrie quelconque pensent qu'il serait avantageux qu'elle eût son défenseur : ils votent pour le plus notable ou le plus capable d'entre eux.

Des savants ou des artistes, voués au culte d'une science ou d'un art, tiennent à ce que la plus illustre personnification de cette science ou de cet art rayonne dans l'enceinte législative : ils s'entendent pour que cet hommage rendu à la supériorité se traduise par un vote efficace.

Des électeurs s'associent sympathiquement aux convictions d'un grand écrivain ou aux méditations d'un penseur renommé ; ils n'ont qu'à donner l'élan pour que cet écrivain ou ce penseur soit porté, par le succès de son œuvre, sur les bancs de l'Assemblée législative.

Il suffirait donc que tout intérêt général ou local, philosophique ou religieux, agricole ou industriel, toute opinion, toute idée, toute prédilection, toute vérité, même toute erreur, comptassent et recueillissent un nombre suffisant d'adhérents pour acquérir le droit et la certitude d'être représentés.

Dans ce système, qui serait le désarmement de toutes les rivalités électorales, l'affranchissement des élus et la neutralisation du suffrage universel :

Plus de guerre intestine des opinions ;

Plus de lutte de candidat à candidat ;

Plus de lutte de gouvernement à opposition et d'opposition à gouvernement ;

Plus de pression des préfets, des sous-préfets, des maires et même des gardes champêtres ;

Plus de pression locale des comités ni des journaux ;

Plus d'incompatibilités autres que celles motivées par le devoir du fonctionnaire rétribué sur le budget de l'Etat d'exercer ponctuellement sa fonction ; mais le jour de la vérification de ses pouvoirs, pleine liberté d'option pour le candidat élu entre son mandat de député ou sa fonction salariée ;

Plus de serment préalable à l'élection, comme avant 1848 ;

Plus de circonscriptions électorales arbitraires, abusives et variables au gré du préfet, qui, comme en 1868, les allongeait ou les arrondissait selon qu'il voulait donner au candidat officiel plus de chances favorables et en ôter au candidat opposant ;

Plus de catégories d'électeurs, plus de différence entre les électeurs fonctionnaires devant faire passer leurs fonctions avant leur conscience et les électeurs non fonctionnaires.

2

Le médecin qui voudrait nommer un médecin ne serait plus contraint d'élire un avocat.

Le cultivateur qui voudrait nommer un agronome ne serait plus tenu d'élire un filateur.

Etc., etc., etc.

L'unité de collége offre cet avantage, que les disproportions mêmes qui existeraient entre les noms sortant de l'urne électorale serviraient à marquer le mouvement de l'opinion, ses oscillations, ses erreurs, ses progrès et ses retours avec la même précision que les heures, les minutes et les secondes servent à marquer sur un cadran la marche du temps. A chaque élection, on pourrait donc mesurer avec exactitude, par le nombre des voix gagnées ou perdues, le progrès ou le déclin de tels partis, de tels hommes, de telles idées. A telle élection, ce seraient les passions qui l'emporteraient sur les intérêts ; à l'élection suivante, ce seraient peut-être les intérêts ranimés qui l'emporteraient sur les passions amorties. Ainsi rectifié et simplifié, le suffrage universel rendrait tous les services d'une véritable boussole. A moins de le vouloir absolument, il ne serait plus possible à aucun pilote de s'égarer sur l'océan politique. Les partis ne pourraient plus ni abuser ni tromper le pays, car leur force absolue et relative serait périodiquement vérifiée et constatée.

II

Appliqué à l'État, le vote uninominal est l'axe de l'unité de collége.

Le vote uninominal est le régime opposé à celui du vote plurinominal ou scrutin de liste.

Le scrutin de liste, qui fut en mars 1848 le morcellement électoral par départements, au lieu d'être, comme après février 1852, le morcellement électoral par circonscriptions à limites arbitraires et variables, le scrutin de liste est au vote uninominal ce que la guerre est à la paix.

Le scrutin de liste impliquant le morcellement électoral, c'est la guerre des opinions se combattant entre elles à outrance.

Le vote uninominal, impliquant l'unité électorale, c'est la liberté des opinions s'exprimant toutes en pleine indépendance, en pleine sincérité, et pesant chacune exactement son poids.

Le scrutin de liste, le morcellement électoral, c'est l'oppression organisée des minorités, c'est le despotisme localisé des majorités.

Le vote uninominal, c'est la représentation fidèle et proportionnelle de tous les partis, de toutes les individualités, de toutes les idées, de toutes les écoles, de tous les cultes, de toutes les professions, de tous les besoins, de tous les intérêts pesant un poids quelconque. Il compose des UNANIMITÉS ÉCHELONNÉES, puisque tout élu,

par quelque nombre de voix qu'il soit élu, — que ce
nombre soit faible ou considérable, — est toujours élu
à l'unanimité. Il utilise toutes les voix, tous les bulletins
déposés dans la boîte du scrutin, d'où il résulte qu'il n'y
a plus ni majorité ni minorité. Ce système n'a pas seulement l'avantage d'être un instrument de précision et de
pacification, au lieu d'être un instrument d'exclusion et
d'antagonisme ; il a aussi l'avantage d'économiser les
rouages suivants : listes électorales, majorité absolue,
majorité relative, scrutin de ballottage, élections partielles. La force des majorités, qui fut trop longtemps une
force perdue et dangereuse, devient une force précieuse
et utilisée. Restituer à l'universalité ses droits usurpés
par la majorité et rendre à la minorité sa légitime attribu-
tion : tel est le double but que je me suis proposé en
faisant du suffrage universel le sceptre populaire.

III

Telle qu'elle existe en France en mars 1874, qu'est-ce
que la liberté électorale ?

— C'est le droit commun ayant pour fondement le
suffrage universel et pour couronnement l'Assemblée
législative, dépositaire de la souveraineté nationale ; c'est
la législation indirecte par la participation de tous les
Français âgés de vingt et un ans à l'élection de quelques-
uns, votant l'impôt, le budget et la loi à titre de mandataires et sous le nom de Représentants ; c'est enfin, sous

sa forme matérielle, la puissance nationale mise en mouvement au moyen d'un bulletin déposé dans une boîte fermée à clef et gardée par deux scrutateurs au moins.

Lorsqu'on lit ou qu'on écrit ces mots : *liberté électorale*, il semblerait qu'ils signifient, qu'ils doivent signifier que tout électeur aura la faculté de choisir le mandataire qu'il jugera devoir représenter et défendre le mieux ses opinions et ses intérêts.

En est-il ainsi?

— Non.

Pourquoi ?

— Parce que la France a été morcelée en circonscriptions électorales : d'où il suit que l'électeur, sous peine de perdre sa voix, est contraint de voter pour Pierre à l'exclusion de Paul, ou pour Paul à l'exclusion de Pierre, alors même que ni Pierre, candidat du Gouvernement, ni Paul, candidat de l'opposition, ne lui conviennent pas plus l'un que l'autre.

Cela s'appelle le suffrage universel, mais à coup sûr cela n'est pas la liberté électorale, moins encore que ce ne serait la liberté de la défense si un plaideur était étroitement tenu de choisir exclusivement son avocat dans le barreau du lieu où siégerait le tribunal devant qui la cause serait portée ; moins encore que ce n'est la liberté du travail dans certains États et dans certaines villes d'Allemagne où il est interdit de se servir d'ouvriers autres que ceux domiciliés dans la ville et nés dans l'État.

Pour que la liberté électorale existât pleinement, que faudrait-il ?

— Il faudrait que, sans circonscriptions électorales,

sans pression aucune de la part de qui que ce soit — ni du Gouvernement, ni de l'opposition, ni des candidats, ni des comités, — tout électeur pùt, en toute indépendance, donner sa voix à l'éligible de son choix, avec espoir que cet éligible, s'il est notable, sera élu.

— Est-ce possible?

— Rien de plus simple.

— Comment?

— En combinant l'unité de collége avec l'universalité de vote.

Déjà en 1852, par la suppression du scrutin de liste, la loi était arrivée à l'unité de nom, au bulletin uninominal.

La loi n'avait qu'à faire un pas de plus dans la voie de l'unité.

La liberté électorale veut que chacun vote en paix comme il l'entend et pour qui il lui plaît, sans agression, sans intimidation, sans corruption; sans que *choisir* un nom ait forcément pour conséquence d'en *exclure* un autre; sans que voter *pour* ait indirectement pour effet de voter *contre*; sans qu'il soit nécessaire d'arborer une cocarde et de se ranger sous l'un des drapeaux en présence. Majorité et minorité sont des exclusions réciproques, alors que les élections ne devraient être que des constatations successives.

Tel que je le comprends, qu'il s'agisse d'élire les députés d'une nation ou les conseillers municipaux d'une commune, le vote uninominal, c'est la liberté électorale.

Il y a donc entre le morcellement électoral et l'unité de collége toute la différence qui existe entre la guerre et la liberté, toute la différence qu'il y aurait entre deux chronomètres dont le cadran de l'un serait intact et dont le cadran de l'autre serait brisé en morceaux éparpillés. Le moyen avec ce dernier de savoir l'heure qu'il est!

Encore, si le morcellement électoral n'était condamné que par ses inconséquences! mais à quels abus de toutes sortes ne donne-t-il pas lieu?

Est-ce qu'il n'est pas la corruption et souvent l'intimidation des électeurs?

Est-ce qu'il n'est pas la déconsidération des candidats, contraints d'aller s'offrir, contraints d'aller mendier des voix ou de les capter par des promesses qu'ils ont rarement la pensée et plus rarement encore le pouvoir de tenir, et que le lendemain de leur élection ils n'ont généralement rien de plus pressé que d'oublier?

Avec le morcellement électoral, c'est l'éligible qui va chercher l'électeur.

Avec l'unité de collége, c'est l'électeur qui va chercher l'éligible.

Les rôles cessent d'être intervertis; l'élu conserve sa dignité et son indépendance.

Avec l'unité de collége, il n'y a pas de voix perdues, tandis qu'avec le morcellement électoral le nombre des voix perdues peut s'élever et s'élève souvent jusqu'à près de la moitié du nombre des votants.

L'unité de collége n'a pas uniquement pour objet et n'aurait pas seulement pour effet d'*assurer* une place parmi les représentants du peuple à tous les hommes d'une réputation nationale; elle fait plus, elle indique avec précision le poids que pèse et l'importance que possède dans le pays l'opinion de chacun de ces hommes. Elle dégage le scrutin de tout ce qui le vicie et le dénature, de tout ce qui en altère la pureté et en gêne la liberté.

Dans ce système :

Plus de listes électorales; pour les rendre inutiles, il suffit que la cote du contribuable revête la forme nouvelle dont j'ai établi le modèle, et à laquelle j'ai donné le nom d'*Inscription de vie* ou *Police d'assurance générale*.

Dans ce système :

On peut voter indistinctement partout où l'on est. Le vote se constate par l'apposition d'un timbre sur l'*Inscription de vie* ou *Police d'assurance*, au moment même où l'électeur dépose son bulletin dans l'urne. Nul ne peut donc voter deux fois. Si même on reconnaissait qu'il y a plus d'avantages que d'inconvénients à ne pas exiger que l'électeur malade ou empêché vote en personne, on pourrait l'autoriser à faire déposer son bulletin par le porteur de la police (1), laquelle, dans ce cas, vaudrait procuration spéciale.

Dans ce système :

.Fraudes électorales et influences locales disparaissent par l'impossibilité de s'organiser simultanément dans 36,000 communes.

Plus de coalition électorale.

Plus de division en majorité et minorité.

Plus d'antagonisme entre les villes et les campagnes.

---

(1) En Angleterre, la condition du vote, pour Oxford, ce n'est pas la résidence, c'est le grade. Les électeurs de l'Université d'Oxford disséminés sur tous les points du Royaume-Uni envoient leur bulletin de vote de l'endroit où ils se trouvent. Donc, relativement au Royaume-Uni, Oxford peut être considéré comme un spécimen de ce que serait et de ce que devrait être l'unité de collége. Le grade électoral, ce serait la justification du droit de vote. L'Angleterre n'a donc, pour être en possession de tous les avantages de l'unité de collége, qu'à y rendre *universel* ce qui est *spécial*, qu'à y convertir en *règle* ce qui est l'*exception*.

Plus de différence entre le citoyen sous les drapeaux et le citoyen libéré du service militaire.

Plus de double tour de scrutin et de scrutin de ballottage.

Plus de majorité absolue et de majorité relative.

Plus de voix perdues.

Plus de candidatures officielles imposées aux électeurs timorés par les préfets et leurs agents.

Plus de candidatures hostiles dictées aux électeurs passionnés par les comités et leurs journaux.

Plus de mandat impératif, de mandat contractuel.

Plus de vassalité du candidat-lige ayant ses électeurs pour suzerains.

Plus de féodalité électorale.

Plus de renversement des rôles, qui fait que c'est l'élu qui est l'obligé de l'électeur, et non l'électeur qui est l'obligé de l'élu.

Plus de pression abusive exercée sur les électeurs soit par le Gouvernement, soit par les partis.

Plus d'assujettissement de l'élu à des exigences individuelles ou locales, trop souvent contraires à son indépendance et à l'intérêt général.

Plus de démoralisation des consciences électorales, que les promesses corrompent, que les menaces avilissent, que les flatteries abusent.

Plus d'élections partielles.

Plus de scrutin de liste.

Avec l'unité de collége, toutes les opinions, toutes les idées se mesurent, aucune ne se combat.

Assurant à la fois l'inviolabilité de l'électeur et l'indépendance de l'élu, l'unité de collége, c'est la liberté du vote, affranchi de tout risque d'être rendu obligatoire sous peine d'amende.

Le morcellement électoral, c'est la mendicité électorale.

Le morcellement électoral, c'est le doute, c'est l'obscurité, lorsque le suffrage universel devrait être la certitude et la lumière.

Entre les deux systèmes, dont l'un réunit tous les inconvénients tandis que l'autre n'en a aucun, comment expliquer que les Gouvernements et les partis intéressés à l'adoption du mode de représentation nationale le plus exact n'aient pas encore mis la question sérieusement à l'étude ?

IV

Tel qu'il existe, le suffrage universel c'est partout l'antagonisme et partout la lutte ; partout la victoire et partout la défaite.

Ajoutons, partout l'intrigue, la passion ; nulle part l'expression incontestablement vraie de l'opinion publique.

Les quatre-vingt-sept départements dont se compose la France sont partagés en deux camps : l'un est le camp de la Majorité, l'autre est le camp de la Minorité ; déjà aux élections générales de 1869 leurs forces étaient sur le point de se balancer. Dans l'un comme dans l'autre camp, c'est un pêle-mêle d'idées confuses qui s'excluent, d'intérêts rivaux qui s'allient, de cocardes honteuses

qui se cachent, de drapeaux ennemis qui se mentent, de
chefs ombrageux qui se détestent, de soldats déserteurs
qui se méprisent. Bien difficile serait souvent d'expliquer autrement que par un hasard, un caprice, une
fausse évolution, pourquoi tels qu'on pourrait nommer sont dans les rangs de la minorité au lieu d'être
dans les rangs de la majorité, et tels autres dans les
rangs de la majorité au lieu d'être dans les rangs de la
minorité. Si, à peu d'exceptions près, personne, au jour
de la lutte électorale, ne se retrouve immuablement à la
place que lui assignaient ses principes et ses intérêts, ce
n'est pas l'inconséquence de l'esprit humain qu'il faut
en accuser, c'est l'imperfection des modes électoraux qui
ont été successivement en usage.

En fait de régime électoral, on en est encore au régime
féodal, à ce temps où la justice n'avait pas désarmé la
force ; où, au lieu de s'adresser à un juge, on s'adressait
à son épée ; où, au lieu d'échanger des assignations, on
échangeait des cartels ; où l'innocence, au lieu de se défendre par un avocat armé d'un dossier, se défendait par
un chevalier armé de pied en cap ; on en est encore aux
combats partiels.

Est-il donc nécessaire que le suffrage universel soit un
combat électoral ?

N'est-ce pas la barbarie ?

Ne saurait-il donc exister un autre moyen pour la
souveraineté individuelle de se faire jour, de s'énoncer,
de s'exercer ?

Que veut-on ? que doit-on vouloir ?

On veut une Assemblée à l'image de la Nation, qui en
soit la représentation fidèle, et au sein de laquelle toutes

les idées se débattent, tous les principes se discutent, tous les drapeaux se déploient, tous les intérêts se défendent, toutes les plaintes s'énoncent, toutes les erreurs se redressent, tous les abus se découvrent, toutes les aptitudes se produisent et toutes les supériorités se démontrent.

Le moyen qu'on emploie est-il le bon, est-il le meilleur ?

Est-il donc nécessaire que 87 départements, 2,865 cantons et 36,000 communes se divisent en autant de camps ennemis, ayant tous et chacun leurs vainqueurs et leurs vaincus, une majorité et une minorité?

Est-ce la liberté? N'est-ce pas la guerre?

C'est la guerre civile socialement transformée ; c'est la guerre civile, moins l'effusion de sang ; c'est la guerre civile, avec cette différence qu'au lieu d'user des cartouches, ce sont des bulletins qu'on use ; ce n'est pas la liberté électorale.

V

Que reprochent, en France, au suffrage universel ses détracteurs, chaque année plus nombreux et plus résolus ? Ils ne lui reprochent pas d'être l'agitation et le désordre dans la rue ; ils ne lui reprochent pas d'être l'élection à coups de poing ou le revolver à la main ; ils ne lui reprochent pas d'être le trafic des votes au plus offrant et dernier enchérisseur ; non, car à l'époque où, avant 1830, nul n'était électeur s'il ne payait trois cents francs de contributions directes, et où le nombre des électeurs ne dépassait pas quatre-vingt mille, les élections n'avaient pas lieu avec un calme plus exemplaire et une honnêteté plus générale. Ce qu'ils reprochent au suffrage universel, tel qu'il fonctionne en France depuis 1848, c'est de manquer d'indépendance et de lumières.

Qu'y a-t-il de fondé dans ce reproche?

Oui, cela est vrai, dans les petites villes et les communes rurales le suffrage universel subit la pression de cet immense laminoir qui s'appelle la centralisation administrative ; mais cette pression, le cens électoral, avant et après 1830, la subissait aussi; il n'était ni plus ni moins indépendant.

Ce reproche qu'on adresse au suffrage universel, ce n'est pas au suffrage universel qu'il serait juste de l'adresser ; ce serait à la centralisation administrative.

Un autre reproche qu'on adresse au suffrage universel tel qu'il a été décrété le 5 mars 1848 et organisé par la loi du 15 mars 1849, c'est d'obéir passivement et aveuglément au mot d'ordre du parti radical.

Le cens électoral était-il plus éclairé que le suffrage universel ?

Député pendant quatorze ans d'un arrondissement — l'arrondissement de Bourganeuf, composé de cent cinquante électeurs ; — élu d'un département — le département du Bas-Rhin, où cent quarante-cinq mille électeurs concouraient à l'élection de leur représentant, — j'ai vu expérimenter les deux régimes : cens électoral et suffrage universel. Eh bien, la main levée devant la vérité, je n'hésite pas à déclarer qu'il y a plus de lumières, qu'il y a plus de discernement, qu'il y a moins de dépendance dans le suffrage universel qu'il n'y en avait dans le cens électoral.

Si le mieux est l'ennemi du bien, à son tour le bien est l'ennemi du mieux ; pas de progrès s'il n'est continu ! Donc, il ne doit pas suffire que le suffrage universel soit plus indépendant que le cens électoral et qu'il soit plus éclairé si, sans en altérer le principe, il est possible d'en perfectionner le mécanisme encore imparfait, reconnaissons-le !

Le suffrage universel est à la fois un principe et un mécanisme; le principe peut être excellent et le mécanisme défectueux ; c'est notamment ce qui est arrivé à la vapeur avant tous les perfectionnements qui ont été successivement apportés dans la construction des appareils générateurs.

Dans les premiers temps de l'application de la vapeur à la navigation et dans les premiers temps aussi de l'application du gaz à l'éclairage, les explosions étaient tellement fréquentes que plus d'une fois fut posée la question de savoir si ces deux inventions méritaient le nom de progrès, si les périls ne l'emportaient pas sur les avantages et s'il ne serait pas sage d'y renoncer. Que fit la science, stimulée par le danger ? Elle se mit à l'œuvre jusqu'à ce qu'elle l'eût considérablement diminué et presque complétement vaincu. Elle ne perdit pas son temps en vaines récriminations et en apologies non moins vaines. Le suffrage universel étant un mécanisme, pourquoi ne pas procéder aussi envers lui scientifiquement ? Pourquoi ne pas chercher à le rendre moins imparfait? Pourquoi ne pas s'appliquer à lui donner la valeur d'un instrument de précision? Pourquoi ne pas chercher à le soustraire à toutes les influences qui le faussent, que ces influences se nomment gouvernement et préfets, ou qu'elles se nomment opposition et comités? La science est à la politique ce que l'idée est à la passion, ce que le rail est à l'ornière; pourquoi retomber toujours dans l'ornière quand on peut se placer sur le rail? A ces deux termes : gouvernement et opposition, pourquoi ne pas substituer ceux-ci : science et ignorance? C'est à la science ; c'est aux instruments qu'elle a inventés, c'est au compas, c'est à la boussole, c'est à la lunette, c'est au phare, c'est à la vapeur, c'est à l'hélice que l'art de la navigation doit d'avoir en même temps reculé ses bornes et diminué ses risques. Que l'art de gouverner prenne exemple sur l'art de naviguer! Qu'il fasse comme lui : qu'il sonde les écueils pour les connaître, et qu'il les connaisse pour les éviter! Qu'il prenne désormais son point d'appui sur la science et non plus sur la force! La force a tout à craindre de la liberté, son ennemie; la science n'a rien à redouter de la liberté, son auxiliaire. Force et liberté, se défiant l'une de l'autre, sont inconciliables ; science et liberté, se multipliant l'une par l'autre, sont invincibles, car tout obstacle leur est moyen, et devant elles les questions ne se posent que le temps d'y changer de nom et de s'appeler solutions. Toute solution est un échelon de la grande échelle nommée civilisation ; tout échelon aide à monter plus haut. Avant qu'il s'élève jusqu'où il peut, jusqu'où il devra s'élever, il reste à l'homme encore tant d'échelons à gravir, qu'on ne doit pas craindre qu'il s'élève trop haut.

VI

Que représentent les 741 membres de l'Assemblée législative?

Représentent-ils la France? — Non.

Représentent-ils des intérêts locaux ? — Non. Où l'unité législative existe, il n'existe plus d'intérêts locaux.

Que représentent-ils donc ?

Ils représentent le vote de l'impôt et de la loi.

Devant le suffrage universel, précurseur de l'impôt unique, il n'y a plus que des Français, les uns majeurs, les autres mineurs ; il n'y a plus que des *consommateurs :* les uns oisifs, les autres travailleurs. Diminuer le nombre de ceux qui consomment sans produire, et augmenter le nombre de ceux qui produisent en consommant trop peu : voilà ce que fera tôt ou tard le suffrage universel, et en quoi il est le point de départ d'une politique nouvelle !

Le suffrage universel, non pas tel qu'il est, mais tel qu'il devrait et pourrait être, c'est le droit d'aînesse acheté par le peuple au prix de son plat de lentilles; c'est la semence qui précède la moisson; le peuple a semé, il n'a plus pour récolter qu'à attendre.

Sans doute, le suffrage universel est encore imparfait, il n'est pas ce qu'il sera; mais c'est là un motif pour le perfectionner ; ce n'est pas là un motif pour le supprimer.

Le peuple a le plus grand intérêt à le conserver; il n'y a que les partis qui aient un intérêt égal à le renverser;

car, si les partis n'abolissent pas le suffrage universel, le suffrage universel abolira les partis.

Ils le sentent.

Où le suffrage universel n'existe pas encore, l'unité nationale n'est qu'un mot mensonger.

Supprimez en France le suffrage universel pour y rétablir à sa place le cens électoral, vous reconstruirez aussitôt deux nations dans la nation : une nation qui compte et une nation qui ne compte pas, une nation libre qui concourt à la loi et une nation esclave qui la subit, enfin une nation *selon la loi* et une nation *hors la loi*. Il fait l'unité nationale.

Sans le suffrage universel, sans une loi mathématique, inflexible, incontestable, suprême, comment en finir, en France, avec les partis? Comment mettre d'accord les prétentions exclusives de deux dynasties obstinément rivales :

La famille des Bourbons, qui représente la souveraineté féodale ;

La famille des Bonapartes, qui a la prétention de représenter la souveraineté nationale ?

Et parvînt-on à concilier ce qui est inconciliable, les prétentions exclusives de ces deux dynasties rivales, comment s'y prendrait-on pour mettre hors de concours ou de combat la république au profit de la royauté, ou la royauté au profit de la république.

C'est le suffrage universel qui a sauvé et qui sauve encore la France de la guerre civile.

Aveugle qui ne le voit pas !

Ingrat qui le méconnaît !

Impuissant qui l'attaque !

VII

L'avenir appartient au suffrage universel; il existe; il n'a qu'à s'exercer; c'est par l'exercice qu'il arrivera à se perfectionner.

Mais que d'abord il commence par abolir les partis; c'est le plus pressé; car de l'abolition de tous les partis dynastiques datera le triomphe de toutes les idées justes.

Si le suffrage universel était ce qu'il doit être, on ne dirait plus : *La France veut... Le pays demande... L'opinion publique réclame... La volonté nationale exige...;* on dirait : *Le suffrage universel veut... La majorité électorale demande...* Alors on ne verrait plus deux orateurs ou deux journalistes, parlant ou écrivant en sens contraire, prétendre, à l'exclusion l'un de l'autre, qu'ils sont l'expression de l'opinion publique, du sentiment public, du vœu national... La confusion, l'usurpation, l'imposture disparaîtraient d'elles-mêmes, comme l'erreur se dissipe par l'évidence. Gouvernement et opposition sauraient exactement à quoi s'en tenir; ils ne pourraient plus ni s'abuser ni abuser. Ne serait-ce point là un véritable progrès ?

Comment consulter avec exactitude, comment connaître avec certitude l'opinion de la majorité d'un pays ? La liberté de la presse existât-elle sans restriction dans ce pays, et s'y donnât-on la peine de lire soir et matin tous les journaux, sans en excepter un, qu'on n'y connaî-

trait l'opinion de la majorité guère plus exactement, convenons-en, que si on n'en lisait aucun. Etant l'expression de toutes les opinions, le journalisme n'est pas et ne
peut être l'expression de l'opinion. En matière d'opinions, le journalisme, c'est la tour de Babel, c'est le babélisme. Les journaux que la liberté de la presse fait
éclore ressemblent aux montres dont Charles-Quint,
après son abdication, ne sachant comment occuper ses
loisirs dans le monastère de Saint-Just, avait entrepris la
nombreuse collection : plus il y ajoutait de montres et
moins il savait exactement l'heure ; ce qui avait fini,
raconte-t-on, par l'exaspérer. Fût-il libre, sincère, éclairé,
le cens électoral ne ferait connaître que l'opinion de la
majorité des censitaires.

Il n'y a donc qu'un moyen de consulter, de constater
et de connaître l'opinion de la majorité d'un pays ; ce
moyen, c'est le suffrage universel. Aussi doit-on chercher sans relâche quels perfectionnements peuvent être
apportés à son mécanisme, afin que, sous tous les
régimes politiques successifs, le suffrage universel soit
toujours la liberté et la sincérité du vote. Pour me livrer
à cette recherche je n'ai pas attendu que l'exemple m'en
ait été donné par MM. Andrae (1855), Grant Marshall
(1856), Thomas Hare (1857), Stuart Mill, Fawcet, James
Gortz, Ernest Naville, lord Carns, le duc d'Ayen, le
comte Charles de Rémusat, Frédéric Béchard, Émile
Augier, Hippolyte Taine, Henri Lasserre, Albert de
Montry, Auguste Laugel, Auguste Loreau, Brian, Courbebaisse, Hérold, Adrien Dumont, le docteur Mougeot,
le baron de Layre, Baily, Borely, le premier président
de Gilardin, etc. Mes recherches et mes études remon-

tent à plus de dix-huit années, elles remontent à 1850 (1).

Pour que le suffrage universel soit utile, il faut qu'il soit véridique; pour qu'il soit véridique, il faut qu'il soit indépendant; pour qu'il soit indépendant, il faut qu'il soit à l'abri de toute pression exercée soit par le Gouvernement, soit par l'opposition; pour qu'il soit enfin ce qu'il doit être, il faut qu'il ait la justesse de la balance; il faut qu'il soit la balance politique servant à constater avec une rigoureuse exactitude la pesanteur spécifique de chaque opinion exprimée.

Le suffrage universel doit être à la souveraineté de la nation ce que la parole est à la pensée de l'homme : le moyen de s'exprimer.

Si tous pouvaient être consultés directement sur chaque question, il n'y aurait plus d'électeurs, car il n'y aurait plus d'élus ; il n'y aurait que des citoyens.

Le peuple exercerait directement sa souveraineté.

Il lui suffirait d'avoir des ministres responsables.

Il les nommerait et il les révoquerait directement.

Est-il impossible à l'administration d'un pays d'arriver jamais à ce degré de simplicité et de perfection ? Ce n'est pas moi qui répondrai négativement. Le génie de l'homme a déjà triomphé de tant d'obstacles réputés invincibles, résolu tant de problèmes déclarés insolubles ; il a remporté sur le temps et l'espace tant de victoires miraculeuses, qu'on ne saurait marquer au génie de l'homme la limite qu'il lui sera interdit de franchir.

Peut-être un jour l'administration publique deviendra-t-elle si simple qu'il sera possible de n'avoir plus

(1) *Questions de mon temps*, t. VIII, p. 634 à 731.

d'Assemblée législative ! Peut-être un jour toute Assemblée législative sera-t-elle considérée comme un rouage inutile, comme un mode imparfait de transmission de la volonté populaire ! C'est ce qui existait au temps des Mérovingiens ; alors la nation franque se réunissait chaque année dans les camps, non pour y déléguer, mais pour y exercer sa souveraineté.

VIII

Dans le système actuel, les majorités seules sont représentées ; les minorités sont exclues.

C'est l'oppression organisée des minorités.

C'est le despotisme localisé des majorités.

Un grand citoyen qui aurait blessé toutes les coteries en se plaçant au-dessus d'elles, pourrait réunir sur son nom deux millions de voix, en France, et n'être pas élu représentant, tandis qu'avec moins de 40,000 voix obtenues dans son département, tel candidat siégera sur les bancs de l'Assemblée nationale.

A des élections générales, un candidat peut n'être pas élu avec 100,000 voix, et l'être, un mois après, avec moins de 10,000 voix dans des élections partielles.

Combien de candidats, ayant eu de 50,000 à 100,000 voix, sont restés au seuil de l'Assemblée législative ! Combien d'autres l'ont franchi, qui avaient eu moins de 20,000 suffrages !

Dans tel département, pour réussir, il faut plus de 100,000 voix ; le tiers suffit dans le département voisin.

Dans tel département, l'électeur a le droit de nommer vingt-huit représentants ; dans le département contigu, l'électeur n'a le droit d'inscrire que sept noms sur son bulletin.

Le motif tiré de l'inégalité de la population comparée est-il un motif qui justifie suffisamment cette inégalité du vote individuel ?

Les soldats votaient dans leur caserne, sous l'œil de leur officier, au lieu de voter dans l'urne commune. N'y avait-il pas là double atteinte à l'indépendance de l'électeur et au secret du vote ?

Toute cette paperasserie qui s'intitule pompeusement : *Listes électorales*, — *inscriptions*, *radiations*, *rectifications*, *révision*, *impression*, *publication*, etc., est-elle bien nécessaire ? Ne pourrait-elle pas être supprimée sans que la sincérité des élections y perdît aucune garantie ?

A quoi bon ces décisions de maires et de juges de paix, en instance, appel et pourvoi ? Ne pourrait-on s'en passer ?

Pourquoi cette condition exigée de *six mois d'habitation* que l'on veut porter à trois années ? Est-ce que l'exercice du droit de souveraineté peut être rationnellement subordonné à un changement de domicile ?

Pourquoi ne pas laisser à l'électeur la liberté de voter partout où il se trouve au jour de l'élection ?

Pourquoi, en tout et toujours, s'appliquer à susciter des difficultés au lieu de s'appliquer à les aplanir ?

Simplifier, on le sait, est ma constante devise.

Donc, je me suis posé les questions suivantes :

Est-il possible de faire que le suffrage universel cesse d'être la guerre civile et devienne la liberté électorale ?

Est-il possible de supprimer toutes les luttes locales

par un mode nouveau duquel il résulte que majorités et minorités soient toutes exactement additionnées et fidèlement représentées?

Est-il possible de faire que le suffrage universel marche de lui-même, sans bourrelets, sans lisières, sans organisation préalable qui le désorganise; sans élections préparatoires qui imposent à la majorité insouciante les choix de la minorité active; sans comités directeurs qui le faussent, sans conclaves souverains qui le confisquent?

Est-il possible de maintenir au suffrage universel l'inviolabilité de sa condition essentielle du suffrage *direct?*

Est-il possible de décompliquer tout ce qui complique l'exercice du droit électoral, et de le rendre si simple et si sûr qu'il n'y ait que des avantages et qu'il n'y ait plus de difficultés à le rendre *annuel ?*

Est-il possible de débarrasser préfets, sous-préfets, maires et juges de paix de la responsabilité que font peser sur eux toutes les formalités minutieuses prescrites par la loi électorale?

Est-il possible de laisser sans inconvénient, à tout électeur, le droit de voter partout où il se trouve au jour de l'élection ?

Est-il possible d'écarter du vote des militaires le danger qui est la conséquence, non pas de l'exercice de leur droit de citoyens, mais la suite du régime exceptionnel sous lequel on les a inconsidérément placés?

Est-il possible d'éviter et de supprimer les réélections partielles, qui ont le grave inconvénient de venir souvent infirmer le sens politique de l'élection générale précédente?

IX

Le suffrage universel constitue à lui seul une forme de gouvernement. Elle vaut ce qu'il vaut. S'il est défectueux, elle sera défectueuse ; s'il est parfait, elle sera parfaite.

Hommes de progrès et d'avenir, rallions-nous donc tous unanimement au suffrage universel ! Souffrons qu'on le critique pour le perfectionner, mais ne souffrons pas qu'on le dénigre pour le supprimer.

Je sais ce qu'on lui reproche ; mais le lendemain de déraillements désastreux, a-t-on renoncé au transport par la vapeur sur les chemins de fer, pour en revenir au transport par les messageries sur les routes de terre ? — Non.

Me plaçant aux points de vue les plus opposés, j'admets que le suffrage universel se soit trompé en 1848 et en 1849, en 1852, en 1857, en 1863, en 1869, en 1870 et en 1871 ; eh bien ! qu'y a-t-il à faire ? — Il y a à le rendre de moins en moins sujet à l'erreur ; il y a surtout à lui donner les moyens de la réparer immédiatement dès qu'il s'est aperçu qu'il en a commis une.

Si imparfait que le suffrage universel soit encore, il n'en constitue pas moins, sur ce qui le précédait, un progrès incontestable.

Dès qu'il est un progrès, cela me suffit ; car tout pro-

grès est le prélude d'un autre. Tout progrès a deux rela-
tions : il est relatif à l'avenir et relatif au passé.

Les mesures d'approximation ont précédé les mesures
de précision ; le sablier a précédé le chronomètre ; la
monnaie de blé, de cuir et de clou a précédé la monnaie de cuivre, d'argent et d'or.

Tel qu'il existe, le suffrage universel est encore la
souveraineté qui se *délègue*, tandis qu'il devrait être la
souveraineté qui *s'exerce*. Puisque cela devrait être et
que cela peut être, cela sera.

Ce que le suffrage universel doit être, peut-il l'être ?

Organiser le suffrage universel existant, c'est le dé-
naturer ; c'est lui ôter toute spontanéité, toute sincérité ; c'est convertir abusivement le *suffrage direct* en
suffrage indirect.

Au lieu de se *compter*, on a voulu *vaincre*. Qu'est-il
arrivé ? Il est arrivé qu'en transformant le scrutin électoral en mêlée politique, on lui a ôté sa vraie significa-
tion.

En forçant le ressort, on l'a faussé ; on a fait du suffrage universel une balance qui trompe sur la justesse du
poids, un cadran qui trompe sur l'exactitude de l'heure.

Mieux vaudrait, dans ce cas, n'avoir ni cadran ni
balance.

Où donc aurait été le mal que, dans toute élection,
républicains formalistes, républicains socialistes, républicains tolérants, monarchistes traditionnels, monarchistes constitutionnels, monarchistes napoléoniens, se
comptassent les uns les autres ?

Combien de républicains de nuances diverses ?

Combien de monarchistes d'origines différentes ?

Des monarchistes totalisés ou des républicains additionnés, lesquels sont les plus nombreux ?

Le pays l'aurait su et le gouvernement aurait pu s'orienter en conséquence.

Sans l'unité de collége, comment consulter un pays avec certitude ?

Un million d'électeurs divisés en dix colléges de 100,000 électeurs chacun peut donner la majorité élective à la minorité électorale.

Preuve :

1er collége...	48,000	votes blancs.	52,000	votes noirs.
2e — ...	35,000	—	65,000	—
3e — ...	35,000	—	65,000	—
4e — ...	47,000	—	53,000	—
5e — ...	49,000	—	51,000	—
6e — ...	46,000	—	54,000	—
	260,000	votes blancs.	340,000	votes noirs.

Les noirs ayant eu partout la majorité dans les six premiers colléges, quoi qu'il arrive dans les quatre autres colléges, la majorité des élus leur est assurée.

Contre-épreuve :

7e collége...	69,000	blancs.	31,000	noirs.
8e — ...	92,000	—	8,000	—
9e — ...	84,000	—	16,000	—
10e — ...	95,000	—	5,000	—
	340,000	blancs.	60,000	noirs.

Ainsi donc,

600,000 voix n'ont pu élire que quatre députés blancs.

400,000 voix ont suffi pour élire six députés noirs.

Et, après l'élection, les six députés noirs seront censés

représenter la *majorité* d'un peuple composé de 600,000 blancs et de 400,000 noirs !

Voilà cependant à quels résultats, à quelles conséquences, à quelles erreurs, à quelles méprises, à quels contre-sens peut donner lieu le fractionnement électoral !

L'unité de collége admise, chaque électeur n'étant consulté que sur une seule question, n'ayant qu'un seul bulletin, et ce bulletin ne portant valablement qu'un seul nom, rien de plus simple que de faire dénouer, par le suffrage universel, toutes les difficultés ayant pour objet un intérêt *collectif, indivisible, indivis, impersonnel, public,* comme rien n'est plus simple que de s'orienter au moyen de la boussole.

Partout où le suffrage universel fonctionnera ainsi, il tiendra lieu de constitution et la rendra inutile.

Sans le suffrage universel rectifié par l'unité de collége, sans une loi mathématique, inflexible, incontestable, suprême, comment arriver à constituer une représentation nationale qui soit exactement, fidèlement, incontestablement la nation représentée ; qui ne soit plus que la lutte nécessaire entre la vérité et l'erreur, l'équité et l'iniquité, le progrès et la routine, substitué à la stérile rivalité des partis ?

Contre l'adoption de ce mode si simple, qui, appliqué à la mesure des opinions, possède tous les avantages qu'offre le système métrique comparé à l'anarchie des poids et mesures qui existait en France il y a un siècle, quelles sont, quelles peuvent être les objections ?

Loin de craindre les objections, je les provoque, je les sollicite, car le suffrage universel n'attend peut-être, pour mériter son nom *d'universel,* que d'avoir trouvé une base unitaire incontestée, et acquis un degré de certitude incontestable, qui permettent de l'étendre indistinctement et uniformément à tous les pays où la souveraineté du peuple s'exerce par le vote annuel de l'impôt.

OBJECTIONS ET RÉPONSES

I

Tout un parti votant comme un seul homme pour le même homme donnerait à son élu une importance trop grande.

Réponse :

Cette objection, qui est la première qui se présente à l'esprit, ne repose sur aucun fondement solide ; car s'il arrivait, par exemple, que soit le parti légitimiste, soit le parti orléaniste, soit le parti républicain, voulût se compter sur sa personnification la plus illustre, la conséquence de cette conduite serait de se condamner soi-même à n'avoir dans l'Assemblée législative qu'une seule voix. Est-ce probable ? Serait-ce logique ? Ne serait-ce pas acheter trop cher la victoire d'un jour, celui de la vérification des pouvoirs ? Mais ce qui est inadmissible se réalisât-il, où serait le péril ?

La première année, sans aucun doute, un trop grand nombre de voix se porteraient sur quelques individualités absorbantes au détriment de choix utiles ; mais, dans le système que je persiste à défendre depuis vingt-quatre ans, les élections ayant lieu chaque année, l'expérience ne tarderait pas à rectifier la pratique et à enseigner aux électeurs le meilleur usage qu'ils auraient à faire de leur droit de suffrage, soit qu'ils subordonnent leurs opinions à leurs intérêts ou leurs intérêts à leurs opinions.

II

L'unité de collége est très-favorable aux minorités, mais elle l'est infiniment moins pour les majorités. Supposons, par exemple, que d'un bout à l'autre de la France, 150,000 électeurs réunissent leurs voix sur un seul candidat : ces 150,000 électeurs n'auront nommé qu'un seul représentant, pendant que 150,000 autres électeurs, en se réunissant par groupes de 15,000 chacun, pourront nommer dix députés.

Réponse :

Cette objection, qui appartient à M. Edouard Hervé, renverse de fond en comble celle qui précède. Il faut opter entre l'une ou l'autre. Si la première est fondée, la seconde ne l'est pas, et réciproquement. La vérité, c'est que ni l'une ni l'autre ne sont fondées, précisément parce qu'elles ne tarderaient pas à se servir de correctif l'une à l'autre.

III

L'unité de collége, en faisant entrer dans l'Assemblée législative, qui en serait le produit, toutes les illustrations nationales, toutes les notabilités spéciales, toutes les influences locales, donnerait à cette assemblée un trop grand éclat, conséquemment une trop grande puissance.

Réponse :

Est-ce que la France n'a pas intérêt à ce que l'Assemblée représentative renferme dans son sein le plus grand nombre possible de députés éminents ?

Est-ce que tous nos gouvernements, depuis un demi-siècle, n'ont pas tous emprunté une grande partie de leur éclat à l'éclat de nos Assemblées ?

Est-ce que si ces Assemblées n'en jetaient plus aucun, le gouvernement, quel qu'il soit, ne risquerait pas de paraître fort terne ? Est-ce que son prestige n'en serait pas diminué ?

IV

En substituant l'élection NATIONALISÉE à l'élection LOCALISÉE, il arrivera le plus souvent que l'électeur ne connaîtra l'élu que de nom, et uniquement sous le rapport du principe ou de la question dont ce dernier se sera fait la vivante personnification.

Réponse :

Eh bien, alors qu'il en serait ainsi, où donc serait l'inconvénient ?

Lorsqu'un électeur veut voter pour un défenseur de la liberté de la presse, de la liberté de réunion, de la liberté d'association, de la liberté d'enseignement, de la liberté de la commune ou de toute autre liberté, a-t-il besoin de le connaître personnellement et de savoir exactement autre chose, si ce n'est que le nom qu'il va écrire sur son bulletin de vote est le nom d'un libéral éprouvé, qui n'abandonnera pas traîtreusement le drapeau publiquement arboré par lui ?

Loin que ce soit là un inconvénient dont aurait à se plaindre l'électeur, ce serait, au contraire, un avantage dont il n'aurait qu'à se louer, puisqu'il lui devrait de recouvrer pleinement son indépendance.

En effet, ce système exclut toute corruption, toute manœuvre viciant la sincérité de l'élection.

Fraudes électorales et influences locales disparaissent par l'impossibilité de s'organiser simultanément dans d'innombrables sections, rayonnant de tous les points de la circonférence au centre.

L'élu est véritablement l'élu de la nation ; il n'est l'élu d'un département, d'une ville, d'un quartier, enfin d'une circonscription, à titre de notabilité locale, qu'après qu'ont été pleinement épuisées, premièrement la liste de toutes les illustrations nationales, et deuxièmement la liste de toutes les notabilités spéciales.

L'élu est affranchi vis-à-vis de l'électeur de toute dépendance, de tout lien.

L'électeur, à son tour, n'a plus à subir les obsessions des candidats ; il n'a plus à craindre les tracasseries ou à résister aux séductions qui forment, dans tous les systèmes actuellement et universellement en vigueur, un cercle étroit autour de lui.

Electeurs et élus sont réellement et réciproquement libres.

Sans l'unité de collége, comment consulter un pays avec certitude ?

Qui dit mesure dit unité.

Je le répète : coupez un homme en tronçons, ce

ne sera plus un homme ; ce seront des tronçons qui palpiteront peut-être encore, mais la vie, c'est-à-dire l'unité, s'en sera retirée. Coupez ainsi la France électorale en tronçons, ce n'est plus la France électorale, ce n'est plus une élection, ce sont des tronçons qui palpitent, mais l'unité y manque, c'est-à-dire la vie.

En tout pays où l'on voudra la sincérité des élections on demandera l'unité de collége, qui mène à l'unité de question, et l'unité de question mène à la solution successive de toutes les questions par le chemin le plus droit, conséquemment le plus court.

V

Une Assemblée législative composée de toutes les notabilités politiques, agricoles, industrielles, commerciales, maritimes, militaires, scientifiques, artistiques, spéciales et professionnelles de la France, en représenterait l'esprit politique, mais n'en représenterait pas les intérêts.

Réponse :

En quoi consistent donc les intérêts de la France ?

Comment peut-on dire que l'unité de collége, qui serait la neutralisation du pouvoir centralisateur, en serait l'aggravation ?

En quoi la centralisation aurait-elle à intervenir dans les élections ainsi faites, sans qu'il soit possible à aucune pression d'aucune nature de s'exercer ? La centralisation voulût-elle intervenir, comment le pourrait-elle ?

VI

Il serait à craindre que quelque gigantesque autorité centrale, comité ou gouvernement, mît la main sur le suffrage universel.

Réponse :

Comment cette autorité, quelle qu'elle fût, s'y prendrait-elle pour imposer sa loi, sa volonté, sa liste à dix millions d'électeurs disséminés sur tous les points d'un grand pays, incarnant les opinions les plus diverses et les intérêts les plus opposés ?

VII

Il serait également à craindre que l'absence de rivalité locale n'engendrât l'indifférence électorale.

Reponse :

Comment cette crainte serait-elle admissible, surtout si le renouvellement de l'Assemblée législative avait lieu assez fréquemment pour permettre de consulter la France sur les questions importantes qui seraient à l'ordre du jour et de constater ainsi, par le recensement des votes, l'opinion de chacun des groupes qui se formeraient ?

VIII

L'électeur des campagnes, l'électeur ignorant ou insouciant ne saurait quel nom inscrire sur son bulletin de vote.

Réponse :

Fiez-vous à la rivalité des partis opiniâtres, fiez-vous à la vigilance des intérêts ombrageux, fiez-vous à l'activité des aspirants à la députation du soin qu'ils prendront d'arracher à son ignorance ou à son insouciance l'électeur des plus petites communes. Lorsque l'électeur voudra faire acte de confiance gouvernementale, soyez sans crainte ! il n'inscrira pas sur son bulletin le nom d'un opposant déclaré, et, lorsqu'il voudra faire acte d'opposition politique, il n'inscrira pas sur son bulletin le nom d'un courtisan du pouvoir. Lorsque l'électeur voudra attester par son vote que le temps lui paraît fini des luttes stériles, que le temps lui paraît venu de donner à chaque intérêt, soit local, soit spécial, des défenseurs compétents, cet électeur, qu'il soit cultivateur ou ouvrier, qu'il appartienne à une profession industrielle ou à une profession libérale, saura bien qui choisir autour de lui ou loin de lui.

IX

L'unité de collège mettrait en mouvement les passions, les ambitions, les intérêts inséparables de l'exercice du suffrage universel.

Réponse :

Comment aucune agitation fébrile serait-elle à redouter, puisqu'il n'y aurait plus ni lutte personnelle ni lutte locale ?

X

Soumettre périodiquement la politique du Gouvernement au jugement du pays tout entier, ce serait annuler de fait la représentation nationale ; ce serait revenir au système des républiques de l'ancienne Grèce, ce serait rétablir de fait le Forum et l'Agora.

Réponse :

Deux journaux parlent l'un et l'autre en sens absolument contraires, au nom de la nation, au nom de l'opinion publique : si l'un a raison, l'autre a nécessairement tort. Lequel des deux a tort, lequel des deux a raison?

Rien de plus difficile que de connaître l'opinion d'un pays. Elle se compose de tant d'éléments si divers et parfois si opposés !

De tous les moyens de l'interroger, le suffrage universel est encore le plus sûr et le moins imparfait; mais il ne sera véritablement un instrument de précision que le jour où la pluralité des colléges électoraux aura fait place à l'unité de collége électoral.

Lorsque la majorité de la France se serait ainsi prononcée on ne pourrait plus la contester; on ne pourrait en contredire l'opinion qu'au nom de celle de la minorité. Supposez un vaisseau sans boussole; en cas de dissidence entre les officiers de l'équipage sur la direction à maintenir ou à changer, comment se mettraient-ils d'accord ? L'unité de collége, combinée avec l'unité de nom et avec l'unité de question, ressemblerait à la boussole et au thermomètre, et ne ressemblerait nullement au Forum et à l'Agora. Aller déposer un bulletin plié dans une boîte fermée, ce n'est pas aller haranguer sur une place.

XI

Ce serait détruire l'action, si légitime, si efficace, si nécessaire au point de vue social et moral, des intérêts locaux, en les étouffant sous un vote d'intérêt général où évidemment le citoyen du Nord ne tiendrait aucun compte des vœux et des besoins du Midi, et réciproquement. Ce serait sacrifier les intérêts locaux, qui ne doivent pas sans doute dominer la politique, mais qui doivent y avoir leur place.

Réponse :

Les « *intérêts locaux* » sont un mot vide de sens. La même région peut avoir deux intérêts opposés et deux régions peuvent avoir le même intérêt. Il y a des départements manufacturiers qui ont de grands intérêts agricoles, et il y a des départements agricoles qui ont de grands intérêts manufacturiers. Il y a en France des intérêts agricoles, des intérêts viticoles, des intérêts houillers, des intérêts industriels, des intérêts commerciaux; ces intérêts se traduisent par ces cinq termes : produire, consommer, vendre, acheter, transporter. A cet égard, le Nord a les mêmes besoins que le Midi, l'Ouest les mêmes besoins que l'Est, et réciproquement.

C'est une erreur de croire qu'il y a encore des *intérêts locaux;* il n'y a plus que des questions générales, sur lesquelles la lumière ne se fera qu'à la condition qu'elles soient débattues par toutes les opinions, sans exclusion d'une seule.

Quand on y regarde de près, on reconnaît que l'intérêt général d'un pays se compose de la réunion de tous les intérêts divergents, mais que ces mots communément employés, *intérêts locaux,* expriment mal ce qu'ils ont la prétention de désigner. Dès qu'on s'élève à une hauteur qui dépasse le clocher de son église ou le toit de sa mairie, il n'y a plus *d'intérêts locaux,* il n'y a plus que des *intérêts spéciaux.* Toute localité a droit aux chemins qui lui sont nécessaires pour être en communication facile, rapide et sûre avec les localités circonvoisines. Il convient donc de laisser à l'écart la question des chemins de petite et de grande communication. S'agit-il de chemins à péage, c'est-à-dire soit de chemins de fer, soit de chemins d'eau : ou c'est aux frais de l'Etat qu'ils s'exécutent, et alors tous ceux qui sont d'intérêt public doivent être exécutés ; ou c'est aux frais de compagnies concessionnaires, et, dans ce cas, le seul intérêt que ces compagnies aient à consulter, c'est celui de leurs actionnaires et de leurs obligataires, sans tenir compte d'aucun intérêt local qui leur serait préjudiciable. Dans l'un comme dans l'autre cas, l'intervention d'un député représentant une prétention locale ne saurait être que nuisible et abusive. Je connais l'objection au coin de laquelle les contradicteurs superficiels m'attendent avec la pensée, avec la conviction, avec la certitude qu'ils n'auront qu'à me l'opposer pour me mettre dans l'impossibilité de la réfuter. La voici : Il y a des départements qui sont plus particulièrement agricoles, d'autres qui sont plus particulièrement viticoles, d'autres qui tirent leur principale richesse de leur industrie, et cette industrie varie : ici c'est la mise en œuvre du coton, là c'est la mise en œuvre du chanvre et du lin, ici c'est la mise en œuvre de la soie, là c'est la mise en œuvre de la laine ; il y a des départements où la métallurgie est la branche principale de travail ; d'autres qui s'adonnent plus spécialement au commerce, et le commerce, lui aussi, varie selon qu'il est intérieur, extérieur, maritime ; enfin, il y a des départements qui sont, les uns favorables, les autres contraires à la liberté des échanges : interrogeons l'unité de collége et voyons comment elle donnera satisfaction à chacun de ces intérêts divergents, à chacun de ces intérêts émules, à chacun de ces intérêts rivaux, à chacun de ces intérêts ennemis, mal dénommés « intérêts locaux » : tous ceux des électeurs de départements plus particulièrement agricoles, qui, étant cultivateurs, seront disposés à subordonner la politique à l'agriculture, voteront, sans démarcation de départements, pour les agronomes en renom qu'ils supposeront être les plus capables de défendre l'intérêt spécial, se nommant l'intérêt agricole ; tous ceux des électeurs de départements plus particulièrement viticoles agiront de même ; si ces électeurs pensent qu'un libre échangiste représentera et défendra mieux qu'un protectionniste le commerce des vins, ils donneront, sans démarcation de départements, leurs voix aux libres échangistes les plus célèbres ; si l'opinion contraire prévaut dans les centres de population où est en souffrance soit la métallurgie, soit la filature, ces centres de population donneront leurs voix, sans démarcation de départements, aux protectionnistes les mieux placés pour parler avec autorité et se faire écouter avec attention. Est-ce qu'il y a en France autant d'intérêts locaux et distincts qu'il y a de circonscriptions électorales? Est-ce que plusieurs départements, souvent éloignés les uns des autres, n'ont pas un intérêt identique?

Eh bien! ce sera cet intérêt identique — qu'il soit agricole, qu'il soit viticole, qu'il soit industriel, qu'il soit commercial, qu'il soit maritime, qu'il soit politique ou qu'il soit religieux, qu'il soit catholique, qu'il soit protestant ou qu'il soit israélite, — qui aura son représentant, son défenseur, son orateur. Alors, étant toujours personnifié par une notabilité retentissante, au lieu de l'être le plus souvent par une nullité muette, cet intérêt identique, loin de perdre au remplacement du morcellement électoral par l'unité de collége, y gagnera considérablement. Chaque intérêt spécial aura ainsi ses députés généraux.

XII

Ce serait porter les suffrages sur un nom qui, connu dans certaines villes, ne le serait pas dans les campagnes; qui illustre ici serait ignoré là; ce qui placerait le plus grand nombre des électeurs dans la nécessité de se laisser guider aveuglément par une impulsion centrale, car s'ils n'étaient pas dirigés par une centralisation abusive, ils s'éparpilleraient au hasard, sans but, sans idée sérieuse sur les premiers noms venus, et il serait impossible de former une majorité compacte au profit d'un candidat quelconque.

Réponse :

Toute impulsion centrale étant matériellement dans l'impuissance absolue d'exercer aucune pression, ni locale ni individuelle, serait neutralisée par tant de causes si diverses, qu'il faut ranger cette crainte au nombre des dangers imaginaires. Qu'arriverait-il ? Voici ce qu'il arriverait : d'abord, dans les campagnes et dans les villes, les masses voteraient généralement en faveur de ceux des noms les plus connus qui leur seraient le plus sympathiques. Ensuite viendraient les intérêts, qui se grouperaient et voteraient par groupes spontanés ; puis viendraient les opinions, qui se grouperaient et qui voteraient pareillement par groupes ; les professions voteraient également par groupes. Il est certain que le barreau de France voudrait être législativement représenté par ses orateurs les plus éminents ; il n'est pas moins certain que la science, dans ses principales branches, aurait la même prétention et voudrait que ses illustrations participassent aussi à la loi ; l'art n'admettrait pas qu'il restât en arrière de la science ; la magistrature et l'Eglise, l'armée et la marine tiendraient à siéger sur les bancs de l'Assemblée législative. Grâce à l'unité de collége, le suffrage universel deviendrait ainsi le concours universel. Ce serait à qui n'enverrait pas à la représentation nationale une obscurité, pas même une médiocrité.

Prétendre que les votes, s'ils n'étaient pas dirigés par une centralisation excessive, s'éparpilleraient au hasard, c'est affirmer une chose contredite par tous les faits dont se composent déjà les annales du suffrage universel ; les votes ne s'éparpilleraient pas plus qu'ils ne se sont épar-

pillés en avril 1848, lorsque tous les colléges, malgré
la division par départements, donnaient à Lamartine
des voix qui, additionnées, dépassèrent deux millions de
suffrages, et en février 1871, lorsque ces mêmes colléges
donnaient 1,664,612 voix à M. Thiers, élu vingt-six fois.
Si la liberté de voter existait, c'est-à-dire si l'électeur
avait la liberté de choisir dans toute la France l'éligible
qui le représenterait le plus exactement, soit dans ses
intérêts, soit dans ses opinions, soit dans ses idées,
soit dans ses goûts, soit dans ses études, il y a lieu
de croire que le nombre des voix perdues pour cause
d'abstention soit par insouciance, soit par système, loin
de s'accroître, décroîtrait considérablement. Le nombre est grand, très-grand, des électeurs timorés ou
trop circonspects qui aujourd'hui ne votent pas, par la
crainte de se faire un ennemi. Sur trois millions d'abs-
tentions, peut-être y en a-t-il plus d'un million qui ont
lieu par cette unique cause. Avec l'unité de collége, je
n'en doute pas, il y aurait moins de votes perdus et un
beaucoup plus grand nombre de suffrages exprimés.

XIII

Si le renouvellement de l'Assemblée législative avait lieu annuellement, soit en totalité, soit par fraction, ce serait l'agitation
du pays passant de l'état périodique à l'état presque permanent.

Réponse :

L'unité de collége telle que je la propose, comme le
morcellement électoral tel qu'il existe, admet ou exclut

sans difficulté tous les modes de renouvellement de l'Assemblée législative. Qu'est-ce qui vaut le mieux du renouvellement intégral ou du renouvellement partiel? Ce serait une question à poser, à débattre et à résoudre. Si l'on préférait le renouvellement intégral au renouvellement partiel, rien ne s'opposerait à ce qu'on le choisît; si au contraire on préférait le renouvellement partiel, rien ne s'opposerait à ce qu'on l'adoptât. A cet égard, il n'y a absolument rien d'obligatoire dans le système de l'unité de collége. Si les circonscriptions actuelles, — barrières électorales rappelant les anciennes barrières qui faisaient de l'ancienne France un échiquier, — si les circonscriptions actuelles étaient abolies, alors on pourrait diviser le chiffre 10,000,000 par 300, 500 ou 600, selon qu'on voudrait que l'Assemblée législative fût composée d'un nombre plus ou moins considérable de députés. Supposons le chiffre rond de 600 députés, et supposons les députés élus pour six ans, mais renouvelables par sixième d'année en année, nombre auquel il y aurait à ajouter les décédés et les démissionnaires : la rotation étant établie d'abord par voie de tirage au sort, ainsi que cela a eu lieu pour les conseils généraux, il y aurait chaque année cent députés à élire ou à réélire. Où serait l'agitation? où serait l'impossibilité? où serait seulement la difficulté? Qu'y aurait-il de plus simple ?

Le dépouillement des votes déposés dans les boîtes aurait lieu dans toutes les sections, au nombre de cinquante mille environ, afin d'éviter les déplacements et les pertes de temps, et de prévenir toute fermentation des esprits, même la plus petite.

Le recensement des votes s'opérerait dans les bureaux de la questure de l'Assemblée législative.

Le nom qui, dans toute la France, aurait réuni le plus grand nombre de suffrages serait inscrit le premier sur le tableau de recensement, et ainsi successivement jusqu'au six centième nom. Il n'y aurait pas de minimum fixé de voix obtenues; ainsi point d'incertitude sur le résultat de l'élection, et jamais de scrutin de ballottage. L'élu n° 1 pourrait avoir un million de voix; l'élu n° 2 pourrait avoir neuf cent mille voix; l'élu n° 10 pourrait descendre à cent mille voix; l'élu n° 20 pourrait tomber à dix mille voix; l'élu n° 600 pourrait à la rigueur n'avoir que mille voix. Peu importerait! Il n'en serait pas moins élu. Ce serait au talent à niveler ou à maintenir sur les bancs de l'Assemblée législative ces inégalités du scrutin électoral.

On remarquera que dans ce mécanisme électoral toutes les opinions sont représentées. Les unes et les autres siégent à l'Assemblée législative; entre elles il n'y a de différence que l'inégalité du nombre de voix résultant du recensement général.

De tels avantages ne constituent-ils pas une supériorité démontrée du mécanisme proposé sur tous les mécanismes en usage jusqu'à ce jour, en quelque pays que ce soit? S'il en est ainsi, comment ne se hâte-t-on pas de l'adopter? — Cela ne peut s'expliquer que par ce fait que tout mécanisme qui constitue un perfectionnement commence par déchaîner contre lui toutes les objections; c'est à qui prouvera que ce mécanisme n'est pas praticable, et que s'il l'était il bouleverserait tout.

O Routine ! toujours et partout tu es la même !

Qu'on lise tout ce qu'on a imprimé en Angleterre d'objections puériles, de raisons stupides et de considérations mensongères, sous forme d'enquêtes, pour ne pas adopter le système de division des poids, mesures et monnaies, qui a prévalu en France et en Belgique !

Avant 1789, il y avait en France treize parlements ; si ces parlements existaient encore et qu'on proposât de substituer à ce morcellement parlementaire l'unité de parlement, en supprimant les parlements de Toulouse, de Grenoble, de Bordeaux, de Dijon, d'Aix, de Rouen, de Rennes, de Pau, de Metz, de Besançon, de Douai, de Nancy, pour laisser subsister uniquement le parlement de Paris, que d'objections ne s'élèveraient pas de tous les points de la circonférence !

On dirait :

Comment ! pour toute la France une seule et même Assemblée législative ! La même loi ! la même jurisprudence !

On s'écrierait :

Impraticable ! impossible !

C'est exactement ce que l'on dit de l'unité de collége ; les objections puisées dans le même esprit sont douées de la même force. Ce que l'on dit de l'unité de collége, c'est ce que le 26 mai 1847 M. Guizot disait du suffrage universel. M. Guizot n'admettait que le cens électoral ; il niait que le suffrage universel pût exister en France, quoiqu'il existât aux États-Unis, comme aussi l'unité de collége existe en Australie, et comme il est entré depuis 1857 dans le droit constitutionnel du Danemark.

XIV

L'unité de collége aurait nécessairement pour résultat de faire entrer principalement à l'Assemblée législative les hommes les plus illustres du pays, c'est-à-dire en grande partie des vieillards, car on n'arrive pas jeune à la célébrité. Dans une Chambre ainsi composée, la mortalité serait plus grande. D'un autre côté, pour que la représentation nationale restât complète, il faudrait combler au fur et à mesure qu'ils se produiraient les vides que la mort aurait faits. Quel moyen employer?

Réponse :

En tout pays, sans exception, le nombre des illustrations est si étroitement limité que l'objection n'a aucune portée. Quant au remplacement des décédés, rien ne serait plus simple : si le renouvellement avait lieu annuellement par sixième, le nombre des décédés serait ajouté au nombre des députés sortants ; si, au contraire, le renouvellement avait lieu intégralement, le renouvellement aurait lieu de droit éventuel par l'entrée à l'Assemblée législative des *inscrits* sur la liste de dépouillement venant immédiatement après les *admis*. Supposons trois décédés dans l'année, ces trois décédés seraient remplacés par les numéros 601, 602, 603.

XV

La représentation de chaque électeur ou plutôt de chaque opinion dans la proportion de son influence dans le pays, tel est l'idéal du gouvernement des sociétés modernes, tel est le but à atteindre.

Pour arriver là, bien des systèmes ont été conçus, bien des moyens ont été proposés.

Le premier qui s'offre à l'esprit est l'unité de collége. Dans cette hypothèse, pour assurer aux différents partis un accès à la gestion des affaires publiques, il suffit de permettre à chaque électeur de choisir, sans condition de résidence ou de domicile, le candidat qui a ses préférences, d'additionner les votes que chacun des concurrents a recueillis dans le pays entier et de conférer le mandat de député à ceux qui ont réuni le minimum de voix prescrit. Ce qui séduit surtout dans cette combinaison, c'est la grandeur de la pensée et la simplicité du mécanisme. Un député ainsi nommé serait vraiment le député de la France, et la dignité de l'élu ne pourrait que gagner à être dégagée du contact trop immédiat de l'électeur. Malheureusement la logique de la théorie est ici condamnée par la pratique des faits. Ce système n'a d'autres antécédents que les élections à la présidence de la République qui ont précédé l'Empire, et si un grand intérêt national a pu alors remuer assez profondément le pays pour l'amener en masse autour de l'urne du scrutin, il serait imprudent de compter sur le même phénomène le jour où il s'agirait simplement de choisir les membres de la Chambre des députés. Dans la plupart des départements, on éprouve déjà des difficultés réelles à rencontrer des candidats qui se recommandent par eux-mêmes au choix de leurs commettants. Quelques hommes auraient sans doute, en France, une notoriété assez grande pour que leur nom pût servir de drapeau. Mais qui oserait affirmer qu'on pût en trouver 292? Appelé sans cesse à des scrutins successifs presque toujours sans résultats, le pays se fatiguerait bien vite de sa propre nullité, et au milieu de l'indifférence générale, les mauvaises passions et l'intrigue ne tarderaient pas à triompher. L'impuissance est le dernier mot de ce système soutenu et développé par M. Emile de Girardin, et nous ne croyons pas qu'il puisse jamais être utilement appliqué.

Réponse :

Cette objection appartient à M. le baron de Layre, auteur d'un écrit publié en 1868, intitulé : *Les Minorités et le Suffrage universel.*

Qu'y a-t-il de fondé dans l'objection que l'on vient de lire? Où son auteur a-t-il vu que « la logique de la théorie « ait été condamnée par la pratique des faits » ? Où son auteur a-t-il vu que l'unité de collége, appliquée à l'élection soit d'une Assemblée nationale, soit d'un conseil général, soit d'un seul conseil municipal, ait été expérimentée? M. le baron de Layre croit que « si « dans l'élection du 10 décembre 1848 un grand intérêt « national a pu remuer assez profondément le pays pour « l'amener en masse autour de l'urne de scrutin, il «. serait imprudent de compter sur le même phénomène « le jour où il s'agirait simplement de choisir les mem- « bres de la Chambre des députés. » C'est là une pure supposition qui ne s'appuie sur aucun fait. Le jour où l'unité de collége sera devenue la loi électorale de la France, voici, je le certifie, comment procèderont les électeurs : les moins éclairés voteront en masse pour les éligibles les plus illustres, les plus populaires à un titre quelconque. Ainsi assurés de l'élection des éligibles les plus illustres, les plus populaires, les électeurs les plus éclairés donneront en toute sûreté de conscience leurs voix aux éligibles qui leur paraîtront devoir représenter le plus fidèlement leur opinion politique ou le plus uti- lement leur intérêt soit professionnel, soit local. Il n'y aurait pas lieu à des scrutins successifs, puisqu'il n'y aurait pas de minimum de voix fixé pour être élu, et que, si petit qu'en fût le nombre, on serait proclamé député à la seule condition d'être — le chiffre admis de six cents députés — parmi les six cents éligibles ayant obtenu le plus de suffrages au recensement général des votes. L'avantage de l'unité de collége sur tous les autres systèmes électoraux, c'est qu'elle fait leur part à toutes les notabilités : notabilités nationales, notabilités professionnelles, notabilités de clocher. Que peut-on demander de plus au suffrage universel de ne laisser à l'écart aucune notabilité, de ne laisser sans représentation aucune opinion, aucune idée, aucune sympathie, aucun intérêt d'aucune nature ?

Mais la preuve du peu de fondement de l'objection faite à l'unité de collége par M. le baron de Layre, c'est que, tout en la combattant, il se l'approprie en ces termes :

« Art. 2. Chaque département ne forme qu'UN SEUL COLLÉGE électoral et nomme un nombre de députés égal à ceux qui lui sont attribués par le chiffre des électeurs. Chaque électeur ne peut inscrire qu'UN SEUL NOM sur son bulletin. »

N'est-ce pas là l'unité de collége? N'est-ce pas là le bulletin uninominal? Entre le système de M. le baron de Layre et le mien, l'unique différence qu'il y ait, c'est qu'il restreint l'idée. Je propose pour toute la France un seul collége ; il propose, lui, un seul collége par département. Ce serait déjà une amélioration : mais lorsqu'une idée est juste, pourquoi ne pas l'adopter tout de suite tout entière ?

XVI

M. de Girardin met au service de l'idée de l'unité de collége sa hardiesse et son originalité habituelles. Chacun a pu lire les écrits de l'éminent publiciste où il expose les arguments qui lui paraissent militer victorieusement en faveur du *scrutin de liste unique* pour la France entière. La discussion a fait connaître les avantages et les inconvénients du procédé, le débat est épuisé sur cette question, nous n'avons donc pas à y revenir.

Réponse :

Ces lignes ont pour auteur M. le duc d'Ayen, qui a publié en 1870 une brochure sous ce titre : *De la Représentation des Minorités.* Elles contiennent plutôt une mention qu'une objection ; si je les relève, c'est qu'elles sont de nature à induire en erreur le lecteur distrait, en lui faisant supposer que l'unité de collége a pour axe le scrutin de liste, le bulletin plurinominal, tandis qu'il a pour pivot le bulletin uninominal, ce qui est tout différent.

XVII

C'est dans l'heureuse délimitation des districts électoraux que doit être cherchée la solution la plus rationnelle du problème de la représentation.

Imaginez un instant que le pays tout entier ne forme qu'un district et que chaque électeur vote pour TOUS les députés : vous avez le triomphe brut de la majorité, et votre Chambre ne contiendra point de minorité.

Réponse :

Ce triomphe brut de la majorité que condamne avec raison M. Auguste Laugel, c'est ce qui est, c'est ce que produit le morcellement électoral dans lequel il cherche aveuglément et à tort la solution la plus rationnelle du problème de la représentation. Si je consulte les élections générales de 1869, que vois-je ? Je vois trois millions d'électeurs sur sept millions de votants, répartis entre 292 circonscriptions électorales, n'étant pas représentés, contrairement à cet axiome électoral si vrai de Stuart Mill : « Dans une démocratie réellement égale, « tout parti, quel qu'il soit, devrait être représenté dans « une proportion non pas supérieure, mais identique à « ce qu'il est. Une majorité d'électeurs devrait toujours « avoir une majorité de représentants ; mais une mino- « rité d'électeurs devrait toujours avoir une minorité de « représentants. » Ce résultat désirable est celui que l'unité de collége se propose pour but et qu'elle atteint, parce que dans ce système chaque électeur ne vote pas pour TOUS les députés, mais pour UN SEUL député, ce qui est très-différent et ce qui donne un tout autre résultat.

L'unité de collége avec le scrutin de liste, oui, ce serait le triomphe brut de la majorité ; mais l'unité de collége avec le bulletin uninominal, c'est la fidèle représentation de toutes les opinions et de tous les intérêts d'un pays, et leur pondération par cette fidélité même.

XVIII

Il n'est personne qui ne connaisse, au moins par ouï-dire, le système de l'unité de collége : tout électeur où qu'il soit a droit de voter et pour qui bon lui semble, — pour un seul candidat, toutefois. Tout candidat ayant obtenu un certain nombre de suffrages, — 35,000, par exemple, — est proclamé député. Voilà la machine dans sa simplicité. L'idée première en est sans contredit excellente : assurer à l'électeur la pleine et entière liberté de conscience, de choix et de vote ; assurer en même temps à toute minorité comptant un nombre suffisant d'adhérents sa part légitime dans la représentation, telle a été la pensée de M. de Girardin. Par malheur, l'œuvre ne répond pas à l'inspiration. Mis en pratique, le système irait droit à la négation de toute proportionnalité entre la représentation et les diverses fractions du peuple. La raison en est bien simple. Voici un chef de parti, un chef de la majorité qui se présente; il est connu partout, partout populaire et désiré. De toutes parts on vote pour lui; 100,000, 200,000, 500,000 suffrages s'accumulent sur sa tête. Prenons ce dernier chiffre. Voilà donc, — s'il faut un quotient de 20,000 voix pour être élu, — voilà un seul mandataire qui pour son parti représente la valeur de 25 députés, et pourtant à la Chambre il n'aura qu'un seul vote. Cependant une minorité de 100,000 voix seulement, avec un peu d'entente, nommera 5 députés, et ainsi cinq fois moins d'électeurs auront dans le Parlement cinq fois plus d'influence! Et que sera-ce si vous supposez en présence deux partis de valeur numérique à peu près égale! Il pourra donc arriver que la minorité ait au sein de l'Assemblée vingt fois, cinquante fois plus de force que la majorité, à moins pourtant que vous ne donniez au député autant de votes dans le Parlement qu'il aura de fois obtenu la quotité de voix nécessaire à une élection. Il est clair que cet expédient rétablirait l'équilibre; mais il y aurait à cela un premier inconvénient, sans parler des autres, qui sont graves et nombreux : c'est qu'une pareille mesure dans un pays d'égalité comme le nôtre serait absolument inacceptable et inacceptée. L'unité de collége serait donc, en réalité, moins la représentation des minorités que l'annihilation des majorités. En faut-il davantage pour rejeter sans hésitation un pareil projet? Nous le repoussons donc, sans nous y arrêter plus longtemps; mais nous le répétons, ce que nous repoussons ici, c'est le mécanisme, c'est l'application pratique du principe. Le principe, au contraire, nous le retenons, nous l'embrassons énergiquement comme l'unique moyen de salut en matière électorale, car lui seul peut rendre à la nation la concorde en ne faisant plus de l'élection un combat où la victoire est le prix de la force, et à l'électeur la plénitude de son droit en l'élevant au-dessus des antagonismes et des haines, en l'arrachant au fléau des coalitions.

Réponse :

Les objections qu'on vient de lire sont tirées de la

Revue des Deux-Mondes, où M. Aubry-Vitet les a fait paraître en 1870, sous ce titre : *Le Suffrage universel dans l'avenir et le droit de représentation des minorités.*

La première objection à laquelle j'ai répondu (voir plus haut § Ier) est celle qui attribue à la minorité des électeurs une habileté que n'aurait pas eue la majorité, habileté de tactique en conséquence de laquelle il se pourrait que la minorité électorale fût en possession de la majorité parlementaire.

Cette objection superficielle ayant pour correctif l'objection contraire (voir plus haut § II), je n'y insiste pas.

J'arrive à l'objection qui met en avant la non-proportionnalité entre électeurs et élus. Cette objection, je l'avoue, me touche très-peu. Qu'importe la proportionnalité? Est-ce qu'elle existait, est-ce qu'elle existe dans les divers modes d'application du suffrage universel qui se sont succédé depuis mars 1848? Ce qui importe, ce qui est juste, ce qui est nécessaire, ce qui est essentiel, je le répète, c'est que dans l'Assemblée représentative d'une nation toutes les illustrations, toutes les notabilités, toutes les professions, toutes les opinions, toutes les doctrines, toutes les croyances, tous les systèmes, toutes les idées justes et fausses, précoces et arriérées, tous les systèmes contradictoires, toutes les sympathies politiques, tous les intérêts collectifs soient représentés et aient, au besoin, une voix pour les défendre à la tribune législative.

M. Aubry-Vitet suppose dans son article un quotient qui, dans mon système, n'existe nullement ; il n'est pas plus de 35,000 que de 3,500 suffrages. Etant hypothétiquement donné que la liste des députés à élire est de

600, tout éligible inscrit par ordre de dépouillement sur le tableau de recensement des votes au nombre des 600 est élu, n'eût-il, contre toute vraisemblance, obtenu dans tout le cercle de son rayonnement de famille, de clocher et de profession que 350 voix. A qui protesterait contre l'inadmissibilité de ce chiffre exigu, je poserai cette question : De 1815 à 1848, combien de députés ont été les élus de moins de 350 électeurs? Les lois qu'ils votèrent en eurent-elles moins de force dans l'application?

En Angleterre, depuis l'adoption du scrutin secret (*ballot bill*) un candidat sans compétiteur sérieux peut être valablement nommé avec moins de 20 voix. C'est ainsi que Bright a été réélu (1).

XIX

L'idée de l'unité de collége impliquant l'abolition des zones électorales n'est pas nouvelle, car elle date du 24 juin 1793, époque à laquelle elle fut émise en ces termes à la Convention nationale par Saint-Just :

« SAINT-JUST. Une représentation générale, formée des repré-

(1) Jeudi, la nomination était fixée au lendemain; vendredi à midi M. Bright et les deux autres députés de Birmingham étaient élus députés par **une dizaine** de personnes, sans lutte, sans opposition. L'opération avait duré en tout à peu près dix minutes.

M. Bright n'était pas même présent.

Ce genre d'élection à portes closes, accomplie au moyen de deux parrains, assistés d'un officier public et de quelques amis, est un des résultats de la nouvelle loi du scrutin secret ou *ballot*.

B. LOULÉ. Excursion électorale en Angleterre.
Londres, 1er février 1874.

sentations particulières de chacun des départements, n'est plus une représentation, mais un congrès.

« Si je considère la représentation nationale telle que votre comité l'a conçue, elle ne me semble qu'un congrès.

« N'aurait-il pas été plus naturel que la représentation, gardienne de l'unité de l'État et dépositaire suprême des lois, fût élue par le peuple en corps?

« La volonté générale proprement dite, et dans la langue de la liberté, se forme de la majorité des volontés particulières individuellement recueillies, sans influence étrangère; la loi ainsi formée consacre nécessairement l'intérêt général, parce que chacun réglant sa volonté sur son intérêt, de la majorité des volontés a dû résulter celle des intérêts.

« En restreignant donc la volonté générale à son véritable principe, elle est la volonté matérielle du peuple, sa volonté simultanée; elle a pour but de consacrer l'intérêt actif du plus grand nombre, et non son intérêt passif.

« Ainsi, *les représentants sortent de la volonté générale par ordre de majorité* (1). »

Réponse :

La priorité d'une idée n'est pas ce qui importe! Ce qui importe, c'est son application, c'est son triomphe.

----

(1) Saint-Just lut ensuite son projet. La *Gazette nationale* (*Moniteur*) en ajourna la publication au lendemain; mais la *Gazette nationale* ne tînt pas sa promesse. Faut-il attribuer cette suppression à l'intervention de Robespierre? On peut le présumer quand on se reporte à ces paroles prononcées par lui quelques jours auparavant :

« ROBESPIERRE. Ici je vois répandre de dangereuses erreurs; ici je m'aperçois qu'on abandonne les premiers principes du bon sens et de la liberté pour poursuivre de vaines abstractions métaphysiques. Par exemple, je vois qu'on attache beaucoup de prix à ce que le mandataire soit élu par tous les citoyens de la République, de manière que l'homme de vertu qui n'est connu que de la contrée qu'il habite ne puisse jamais être appelé à représenter ses compatriotes, et que les charlatans fameux, qui ne sont pas toujours les citoyens les plus probes ni les hommes les plus éclairés, ou les intrigants portés par le parti du gouvernement, pourraient obtenir exclusivement le privilége de représenter une nation de vingt-six millions d'hommes. » (Convention nationale, séance du 20 mai 1793.)

Quoique Rowland Hill n'ait émis l'idée de l'abolition des zones postales que huit années après moi, l'honneur de cette grande idée universelle ne lui en appartient pas moins légitimement.

Le système exposé par Saint-Just a sur le système préféré par Robespierre un avantage qu'on ne saurait lui contester, c'est de n'avoir pas encore été condamné par l'expérience. Qu'a produit le système de l'élection morcelée? Il n'a pas empêché les « charlatans fameux » de l'emporter, et il a fait pulluler les « intrigants médiocres »; il a donné naissance à deux fléaux : la mendicité électorale et la corruption administrative; mais ce ne sont là que ses moindres défauts. Son vice c'est de ressembler à un chronomètre sans cadran et sans aiguilles : les ressorts auraient beau se mouvoir, ils n'indiqueraient pas l'heure. Sous le régime du morcellement électoral, on ne connaît pas, on ne peut pas connaître l'opinion de la majorité du pays. Le mot est juste : « C'est un congrès, ce n'est pas une représentation. »

Si en 1848, au lieu de rejeter légèrement la proposition de M. Pierre Leroux (1), M. Ledru-Rollin, alors ministre de l'intérieur, l'eût favorablement accueillie, très-probablement le cours des idées et des événements eût été tout différent! Pas de commissaires ordinaires et

(1) Voir, *Histoire de la Révolution de 1848*, par Daniel Stern, 2ᵉ édit., t. II, page 172, la proposition faite le 15 avril 1848 par M. Pierre Leroux à M. Ledru-Rollin, alors ministre de l'intérieur, de remplacer le système électoral consistant à faire élire les députés par département et au scrutin de liste par le système de Saint-Just, consistant dans la liberté laissée à chaque électeur de choisir dans toute la France le représentant de son opinion, de son idée, de son intérêt ou de sa profession. Les neuf cents candidats qui au recensement général eussent obtenu le plus de suffrages eussent formé l'Assemblée nationale.

.extraordinaires, spéciaux et généraux! Pas d'abus de pouvoir! Pas de pression administrative! Pas d'intimidation révolutionnaire! Rien enfin de ce qui à cette époque effraya la France, la fit reculer et discrédita si rapidement la République nouvelle que s'étaient empressés d'accepter non-seulement tous les hommes de liberté, mais encore tous ceux qui se surnommaient « les hommes d'ordre ».

XX

La question à l'ordre du jour est la liberté de commerce, le libre échange; des élections ont lieu : 150,000 suffrages se portent sur A., libre-échangiste; d'un autre côté, 15,000 suffisent pour élire B., protectionniste; 10,000 suffiront également pour élire C., autre protectionniste. 25,000 voix enverront donc à l'Assemblée législative deux protectionnistes, tandis que 150,000 voix ne seront représentées que par un seul libre-échangiste. N'est-ce pas un résultat forcé et regrettable de l'unité de collége? Ce vice, ce serait une raison suffisante de le rejeter, comme ne réalisant pas l'idéal de la représentation, s'il n'y avait pas de remède; mais il y en a un, qui consisterait à donner au vote du député une valeur proportionnelle au nombre des suffrages qui se seraient fixés sur lui. Ainsi, en prenant les mêmes chiffres que plus haut, si un député était élu par 150,000 suffrages, et tel autre par 15,000 seulement, il faudrait, pour que le vote du député reproduisît exactement l'opinion de ses mandataires, que le vote du député élu avec 150,000 fût à celui nommé avec 15,000 seulement comme 10 est à 1; en un mot, que le vote du premier équivalût à dix votes du second.

Réponse :

Ce serait tomber dans les complications du mécanisme Thomas Hare, complications qui en empêcheront l'adoption, car un mécanisme électoral qui met en mouvement dix millions d'électeurs dont les neuf dixièmes au moins se composent d'électeurs ignorants, d'électeurs ayant l'intelligence très-bornée, la compréhension très-lente, ne saurait être jamais assez simple. Il faut que l'électeur le comprenne de lui-même, facilement, rapidement, sans explications, sans efforts. L'idée de la représentation proportionnelle est une idée ingénieuse, spécieuse, mais fausse et compliquée. Pour qu'elle fût juste, il faudrait que les élections eussent lieu par questions distinctes et que chaque député élu ne représentât jamais qu'une seule question. En est-il ainsi sous aucun des régimes en vigueur dans quelque pays que ce soit? Est-ce que chaque député ne représente pas plusieurs questions? Gardons-nous donc de glisser sur la pente des complications inextricables. Ce qui importe à une bonne et fidèle représentation nationale, ce n'est pas le vote proportionnel sur une question, c'est le libre débat de toutes les questions par les orateurs les plus capables de les discuter sous tous leurs points de vue; le but qu'il faut poursuivre et atteindre, c'est que cette assemblée représentative soit à la nation représentée ce qu'une carte géographique est au pays qu'elle retrace; ce doit être la nation plus ou moins *réduite,* mais exactement *reproduite,* avec ses inégalités, ses besoins, ses exigences, ses passions, ses idées, ses tendances, ses erreurs, ses défauts, ses qualités, ses vices, ses vertus, ses forces, ses faiblesses, ses taches et ses splendeurs; ce doit être enfin la nation *pséphographiée;* tout doit s'y retrouver comme tout se retrouve sur la plaque de l'appareil photographique.

APPENDICE

Voici en quels termes M. Pierre Leroux condamnait, le 29 octobre 1850, le morcellement électoral tel que le Gouvernement provisoire l'avait décrété le 5 mars 1848 :

Dans ce système, l'*unité* de la France, c'est-à-dire la FRANCE, ne fonctionne en aucune façon. Ce qui fonctionne, c'est tout autre chose que la France : ce sont, d'une part, des *morceaux* de la France appelés DÉPARTEMENTS, et, d'autre part, des *morceaux* de ces départements appelés CANTONS.

Quoi! il s'agit d'une Constitution, il s'agit de la nomination d'une Assemblée constituante, et les soixante ans écoulés depuis la première Constituante n'ont pas inspiré aux hommes d'État qui ont pris sur eux de diriger la Révolution de 1848 un système moins grossier, moins absurde, moins barbare! ils vont livrer l'État, et l'État constituant, à une sorte de pillage, opéré ténébreusement, par circonscriptions géographiques!

Que diriez-vous d'une compagnie de chemin de fer dont les ingénieurs se seraient appliqués à lancer, à toute vapeur, sur les mêmes rayons, deux convois dirigés en sens contraires! Vous appelleriez ces ingénieurs des ignorants, des insensés ou de grands criminels; et vous ne ménageriez pas les termes à la compagnie qui les aurait choisis.

Et si ces ingénieurs ou cette compagnie, pour se disculper, attribuaient le cataclysme aux voyageurs, vous n'auriez pas d'expression pour caractériser ce degré d'audace ou de folie!

Eh bien! je prétends démontrer que les membres du Gouvernement provisoire, avec leur décret du 5 mars 1848, furent cette compagnie de chemin de fer, et que MM. Isambert et de Cormenin furent ces ingénieurs. Inutile de dire que les deux convois lancés à toute vapeur en sens contraires, c'est la révolution et la contre-révolution.

Serrons de plus près leur décret; je l'appelle *leur*, car il appartient aux uns comme aux autres, aux uns par l'intervention, aux autres par l'adoption.

Voilà donc, en premier lieu, par ce décret, tous les Français invités à nommer, non pas la *représentation de la France*, mais, comme on disait sous la monarchie, la *députation de chaque département*.

Assurément, si le Gouvernement provisoire avait eu la grandeur de vues que la mission qu'il s'était donnée demandait, il aurait dit à ceux qui lui apportaient ce décret :

« Votre décret est le triomphe du girondinisme; je me garderai bien de le signer! Pourquoi n'avez-vous pas osé aller plus loin, pourquoi n'avez-vous pas dit : la Normandie, la Bretagne, l'Anjou, le Dauphiné, la Provence, l'Auvergne, en un mot, toutes les anciennes provinces, enverront des députés à l'Assemblée nationale? Vous ne l'avez pas fait, parce que c'eût été retourner au moyen âge. Il n'y a plus de provinces; la monarchie d'abord, la révolution ensuite, les ont abolies. Pourquoi donc aujourd'hui faire des entités de ce qui n'en est pas, de ce qui n'en sera jamais, de ce qui ne doit pas en être, les départements? Et pourquoi, au contraire, ne pas faire une entité de ce qui en est et de ce qui en doit être une, la France?

« Quand l'unité était représentée par la monarchie, on comprend que cette monarchie ne voulût pas une autre unité en face d'elle. Voila pourquoi la monarchie, qui se croyait, qui se disait la France, obligée pourtant d'admettre le gouvernement représentatif, faisait voter son *pays légal* par départements et par arrondissements. Non-seulement la France, dans ce système, n'avait pas de représentation, mais le *pays légal* lui-même n'en avait pas. Ce qui en avait, c'étaient les départements et les arrondissements, c'est-à-dire des fractions purement géographiques, qui ne pouvaient jamais aspirer à détrôner l'unité. Des diverses parties du pays arrivaient donc des *députés* qui formaient une assemblée chargée de s'entendre avec la monarchie pour faire les lois.

« La monarchie était et restait l'*unité*. Mais aujourd'hui, c'est la monarchie qu'il s'agit de remplacer par un État nouveau. La France a proclamé la République; c'est donc qu'elle se sent *unitaire* pour n'avoir plus besoin de cette fausse unité qu'on appelait la monarchie. Et vous choisissez ce moment pour nous proposer de décréter quatre-vingt-six petites Frances dans la France, lesquelles auront chacune leur représentation, qui viendra en *députation* devant qui, devant quelle unité, quand la monarchie n'existe plus? Ah! vous n'avez pas compris ce que c'est que la République! »

Voilà ce que le Gouvernement provisoire aurait dû répondre, du premier mot, à MM. Isambert et de Cormenin, en leur ordonnant, en leur qualité de conseillers d'État de la République, de lui préparer un autre décret destiné à manifester l'*unité* de la France, en appelant, la France entière à voter *sa représentation*, c'est-à-dire à *se constituer État*, par un seul acte opéré à la fois et avec ensemble par tous les citoyens sur tout le territoire national.

Je dis que l'esprit de la révolution, s'il eût inspiré le Gouvernement provisoire, lui eût dicté cette réponse.

En effet, pour qui sait la comprendre, qu'est-ce que la Révolution française, sinon la recherche incessante d'une *unité nouvelle*, fondée sur la *communion directe* de tous les Français, au nom de la liberté, de l'égalité et de la fraternité, et substituée à l'ancienne unité despotique, à la *Monarchie?*

La voix de l'histoire nous l'enseigne, les divisions mêmes de nos pères et leurs sanglantes discordes en sont le douloureux témoignage.

Partout le peuple a appris à lire ; la langue française a fait disparaître les patois et s'est répandue dans les moindres villages; en l'absence de la République, le despotisme même de Napoléon et celui des rois revenus à sa suite ont républicanisé la France en l'unifiant, s'il m'est permis d'employer cette expression. Unité des lois, unité des impôts, unité administrative, unité d'éducation, unité du service militaire, tout a rapproché les Français, tout a fait de la France *une Commune*. La science, l'art et l'industrie ont propagé partout l'unité, en popularisant les mêmes méthodes, les mêmes règles, les mêmes produits.

La presse a fait de la France un forum où des millions d'hommes s'occupent au même instant des mêmes pensées ; et la vapeur, en rapprochant les distances, a réalisé matériellement ce forum. Voilà l'électricité qui instantanément fait communiquer les hommes d'un bout de la terre à l'autre, et abolit pour eux l'espace ! Que d'autres découvertes l'avenir recèle, et qui déjà s'annoncent ! Tout a donc préparé l'unité, l'unité véritable, l'unité nouvelle.

Lettre de M. Babaud-Laribière, ancien membre de l'Assemblée constituante en 1848, à M. Émile de Girardin.

Confolens, 11 juillet 1852.

Monsieur,

Vos remarquables articles sur le *Suffrage universel* m'ont remis en mémoire une conversation que j'eus en 1850 avec l'illustre M. Victor Hugo. J'avais rencontré notre grand poëte sur le boulevard Montmartre, et je l'accompagnais rue de La Tour-d'Auvergne. La conversation tomba sur le suffrage universel, et je fus si frappé de lui entendre développer dans son magnifique langage l'excellence de l'unité de collége électoral, que, rentré chez moi, je m'empressai de recueillir ce qu'il m'avait dit sur ce sujet. Le lendemain, je remis ce travail à M. Meurice, et, s'il n'a pas paru dans l'*Événement*, c'est que M. Victor Hugo ne trouva pas le moment opportun pour lancer cette idée dans la polémique.

Je doute que M. Meurice ait conservé ces pages, et je le regrette, car elles auraient apporté à l'appui de votre opinion le poids d'une grande autorité. Mais ma mémoire me permet d'affirmer que dès cette époque notre grand poëte était partisan du suffrage universel direct et unique. Je me souviens même qu'il voulait composer la chambre haute de tous les citoyens qui obtiendraient *un million* de voix, et l'Assemblée législative de tous ceux qui obtiendraient *cent mille voix.*

Recevez, monsieur, l'assurance de mes sentiments les plus distingués.

H. Babaud-Laribière.

Paris. — Imp. A. Wittersheim et Cᵉ, quai Voltaire, 31.